Bienheureuse insécurité

Alan Watts

Bienheureuse insécurité

*Une réponse
à l'angoisse de notre temps*

TRADUIT DE L'AMÉRICAIN
PAR
FRÉDÉRIC MAGNE

STOCK + PLUS

Titre original :

THE WISDOM OF INSECURITY
(Pantheon Books, a Division of Random House, Inc.)

Préface

Quiconque voudra sauver son âme, la perdra ! —

J'ai toujours été fasciné par la loi de l'effort inversé. Je l'appelle parfois la loi des « effets contraires ». Si l'on essaie de flotter à la surface de l'eau, on coule, mais si l'on essaie de couler, on flotte. Si l'on essaie de retenir son souffle on le perd — et ceci me rappelle un vieux dicton bien oublié : « Quiconque voudra sauver son âme, la perdra. »

Ce livre est une expérimentation de cette loi par rapport à la quête humaine de la sécurité psychologique, et aux efforts que déploient les hommes afin de trouver une certitude spirituelle et intellectuelle dans les domaines de la religion et de la philosophie. J'ai écrit ce livre parce que je suis convaincu qu'il n'existe pas de sujet plus approprié à notre époque où la vie humaine semble tellement incertaine et peu sûre. Je démontre ici comment cette insécurité naît de ce fait même que nous recherchons la sécurité, et comment, d'autre part, nous ne trouverons le salut et la santé mentale qu'en reconnaissant pleinement que nous n'avons aucun moyen d'assurer notre salut.

Cela commence un peu à prendre la tournure d'Alice au Pays des Merveilles, dont cet essai est une sorte d'équivalent philosophique. Le lecteur se trouvera en effet très souvent confronté à un monde à l'envers, dans lequel l'ordre des choses aura l'air inversé, et le sens commun bouleversé. Ceux qui ont lu mes précédents ouvrages me prendront de nombreuses fois en flagrant délit de contradiction avec ce que j'ai pu énoncer précédemment. Cela n'est vrai cependant que pour quelques points de détail insignifiants ; car je me suis aperçu que l'essentiel de ce que j'essayais de faire comprendre dans ces livres était rarement compris. La tournure et l'expression de ma pensée en cachent souvent la signification. Mon intention ici est d'approcher cette même signification à partir de prémisses tout à fait différentes, et dans des termes qui ne confondent pas la pensée avec les innombrables associations non pertinentes que le temps et la tradition ont profondément enracinées en ceux-ci.

Dans ces précédents ouvrages j'avais essayé de légitimer certains principes de la religion, de la philosophie et de la métaphysique en les réin-

terprétant. Mais cela revenait, je crois, à vouloir faire pousser des pattes à un serpent — c'est-à-dire à se lancer dans une entreprise tout à fait inutile et plutôt déroutante, car seules les vérités chancelantes ont besoin d'être défendues. Ce livre, cependant, est écrit dans l'esprit du sage chinois Lao-tseu, ce maître de la loi de l'effort inversé, qui affirmait que tous ceux qui se justifient ne convainquent pas, que pour connaître la vérité il faut se libérer de la connaissance, et que rien n'est plus puissant et créateur que le vide, devant lequel les hommes reculent généralement avec horreur. Mon projet ici est donc de démontrer à rebours comment ces réalités essentielles de la religion et de la métaphysique peuvent être justifiées à condition de ne pas en tenir compte, et comment elles peuvent se manifester dans toute leur vérité pourvu qu'elles soient détruites.

Je suis heureux de reconnaître que, si j'ai pu écrire ce livre, je le dois à la générosité de la Fondation créée par feu Franklin J. Matchette de New York, un homme qui voua une grande partie de sa vie à l'étude des sciences et de la métaphysique, et qui fut un de ces rares exemples d'homme d'affaires à ne pas être totalement prisonniers du cercle vicieux de faire de l'argent pour faire de l'argent. La Fondation Matchette favorise donc la recherche métaphysique, et il va sans dire que c'est un signe de la pénétration d'esprit et de l'imagination de ses responsables que d'avoir bien voulu s'intéresser à une approche aussi « contraire » de la connaissance métaphysique.

Alan W. WATTS.

San Francisco.
Mai 1951.

1

L'âge de l'angoisse

cruel et vain
en tant qu'être raisonnable, veut
que sa vie ait un sens.

Suivant toutes les apparences, notre vie est une étincelle de lumière au milieu de ténèbres éternelles. Et cet intervalle entre deux nuits n'est pas un jour sans nuage, car plus nous sommes sensibles au plaisir, plus nous sommes accessibles à la douleur — et, que ce soit en arrière-fond ou en premier plan, la douleur est toujours à nos côtés. Nous nous sommes habitués à la longue à supporter ce genre d'existence parce que nous croyons qu'il existe quelque chose de plus que cette apparence extérieure — et que nous vivons donc pour un futur, au-delà de cette vie-ci. Car cette apparence extérieure semble tout à fait absurde. Si la vie doit se résumer en douleur, imperfection et néant, elle n'est alors qu'une expérience cruelle et vaine pour des êtres nés pour la raison, l'espoir, la création, et l'amour. L'homme, en tant qu'être raisonnable, veut que sa vie ait un sens, et il lui a toujours été difficile de croire que celle-ci en avait effectivement un, à moins d'imaginer qu'il existait quelque chose de plus que ce qu'il voyait — à moins de pressentir un ordre et une vie éternels au-delà de cette expérience incertaine et momentanée du cycle vie-et-mort.

On ne me pardonnera peut-être pas d'aborder des sujets aussi sérieux avec un esprit frivole, mais ce problème de dégager une signification du chaos apparent de l'expérience me fait penser à mon désir enfantin d'envoyer à quelqu'un un paquet d'eau par courrier. Le destinataire déferait la ficelle, et se retrouverait entièrement inondé. Mais je n'ai jamais pu réussir cette farce, car à ma grande irritation il m'était impossible d'empaqueter un litre d'eau dans du papier d'emballage. Il existait bien sûr certains papiers imperméables, mais la difficulté était de maintenir l'eau immobile, et de nouer la ficelle sans faire exploser le tout.

Plus on étudie les solutions proposées aux problèmes de la politique et de l'économie, de l'art, de la philosophie, et de la religion, plus on a l'impression qu'elles sont le fait de personnes extrêmement douées qui s'ingénieraient en vain à faire tenir l'eau de la vie dans des paquets bien nets et résistants.

Et de nos jours l'on ressent encore plus vivement cette pénible impression pour de nombreuses raisons. Nous sommes tellement au courant de l'histoire, de tous ces paquets qui ont été soigneusement ficelés et qui ont fini par s'ouvrir. Nous connaissons si bien dans les moindres détails les problèmes de la vie, que ceux-ci résistent à toute simplification facile, et demeurent plus compliqués et informes que jamais. En outre, la science et l'industrie ont tellement accru et la violence et le rythme de notre vie que nos empaquetages semblent se défaire de plus en plus vite chaque jour.

Nous avons donc le sentiment de vivre dans une époque d'incertitude exceptionnelle. Au cours de ces cent dernières années, de nombreuses traditions établies de longue date se sont effondrées, des traditions familiales, sociales, gouvernementales, économiques et religieuses. Au fur et à mesure que les années passent, il y a de moins en moins de rochers auxquels nous pouvons nous raccrocher, de moins en moins de choses que nous pouvons tenir pour absolument justes et vraies, et cela à tout jamais.

Certains se réjouissent et voient là une libération de tous les impératifs de la morale, de la vie sociale et des dogmes spirituels. D'autres, au contraire, s'inquiètent de cette dangereuse brèche dans la raison et la santé mentale, brèche par où la vie humaine peut sombrer dans un chaos sans espoir. La plupart des gens, peut-être, se sont un bref instant sentis revivre, immédiatement après cette libération, mais pour replonger ensuite dans un profond état d'angoisse. Car si tout est relatif, si la vie est un flux continu sans forme ni but, où rien ne demeure si ce n'est le changement lui-même, c'est donc qu'il n'y a « pas d'avenir » et donc pas d'espoir.

Les êtres humains semblent ne pouvoir être heureux que s'ils peuvent espérer en quelque futur — soit en un lendemain agréable, soit en une vie éternelle par-delà la tombe. Pour diverses raisons, de plus en plus de gens se résolvent difficilement à croire en cette dernière possibilité. D'autre part, quand la « bonne journée » arrive, l'ennui est qu'il est difficile d'en jouir pleinement sans avoir la promesse d'en voir arriver d'autres. Si le bonheur dépend toujours de quelque événement qui doit se réaliser dans l'avenir, c'est comme si nous poursuivions un feu follet qui nous échapperait sans cesse jusqu'à ce que le futur, et nous-mêmes, sombrions dans les abysses de la mort.

Mais en fait notre époque n'est pas plus incertaine qu'une autre. La pauvreté, les épidémies, la guerre, le changement, et la mort ne sont pas des nouveautés. Même à la plus heureuse des époques, la « sécurité » n'a jamais été que temporaire et apparente. Mais il nous était possible de supporter cette incertitude inhérente à notre vie parce que nous croyions en l'existence de principes immuables à l'abri de toutes les calamités — c'est-à-dire en Dieu, en l'immortalité de l'âme humaine, et dans le gouvernement de l'univers selon des lois éternelles de justice.

Aujourd'hui ce genre de convictions est rare, même dans les cercles religieux. Il n'y a pas une couche de la société, et il doit même y avoir peu d'individus, qui ne soient touchés par l'éducation moderne, qui ne soient saisis de quelques doutes. Il est clair qu'au cours du siècle précédent l'autorité scientifique a remplacé l'autorité religieuse dans l'imagination populaire, et que le scepticisme, au moins dans le domaine spirituel, est devenu bien plus répandu que la foi.

La décadence de la foi remonte au doute honnête, aux pensées courageuses et approfondies de quelques hommes de science et de philosophes supérieurement intelligents. Poussés par le désir de respecter absolument les faits, ils ont essayé de voir, de comprendre, et d'affronter la vie sans tenir compte de leurs désirs et de leurs préférences. Eh bien qu'ils aient fait beaucoup pour améliorer les conditions de vie, il n'en reste pas moins que leur description de l'univers abandonne chaque individu sans le moindre espoir auquel se raccrocher. Le prix de leurs miracles réalisés en ce monde a été la disparition du monde à venir, et l'on se sent tenté de poser la vieille question : « Quel est donc l'avantage pour l'homme de gagner le monde entier, s'il vient à perdre son âme ? » La logique, l'intelligence, et la raison sont satisfaites, mais le cœur reste sur sa faim. Car le cœur s'est habitué à sentir que nous vivons pour le futur. La science peut, lentement et de façon peu assurée, nous proposer un meilleur avenir — pour les quelques années qu'il nous reste à vivre. Et puis, pour chacun d'entre nous ce sera la fin. Tout finira. Même à une échéance retardée, toute chose composée doit se décomposer.

Malgré certaines opinions contraires, tel est le point de vue général de la science. On pense communément aujourd'hui dans les cercles littéraires et religieux que le conflit entre la science et la croyance est tout à fait dépassé. Il y a même certains savants, plutôt pressés, qui pensent qu'à partir du moment où la physique moderne a abandonné le grossier matérialisme atomistique, les causes principales de ce conflit ont disparu. Mais il en va tout autrement. Dans la plupart de nos grands centres d'enseignement, ceux qui font profession d'étudier la totalité des implications de la science et de ses méthodes se situent plus que jamais loin de ce qu'ils croient être le point de vue religieux.

La physique nucléaire et la théorie de la relativité ont, il est vrai, balayé le vieux matérialisme, mais elles nous offrent à la place une vision de l'univers où toute idée d'un but ou d'un projet absolu est encore plus inconcevable. Le savant moderne n'est pas assez naïf pour nier l'existence de Dieu sous prétexte qu'il n'en trouve aucune trace avec son télescope, ou bien l'existence de l'âme sous prétexte encore que son bistouri ne lui révèle rien de pareil. Il a simplement déduit que l'idée de Dieu était logiquement non nécessaire. Il doute même qu'elle soit pourvue d'une signification quelconque. Cela ne l'avance guère de pouvoir expliquer quelque chose s'il ne peut l'expliquer de façon différente et plus simple.

Il affirme que lorsqu'on dit que quelque chose arrive par la Providence ou la volonté divine, cela revient à ne rien dire du tout. Dire que tout est régi et créé par Dieu c'est comme dire : « Tout est debout » — ce qui ne veut rien dire du tout. Cette assertion ne nous permet de formuler aucune prédiction vérifiable, et se trouve donc, d'un point de vue scientifique, dépourvue de toute valeur. Les savants ont peut-être raison sur ce point. Mais ils ont aussi peut-être tort. Il n'est pas ici dans notre propos de débattre cette question. Il nous suffit simplement de remarquer combien ce scepticisme exerce une immense influence, et est responsable de l'état d'esprit qui caractérise tellement notre époque.

Voici en résumé ce que dit la science : nous ne savons pas, et ne pouvons pas savoir, selon toutes probabilités, si Dieu existe ou non. Rien de tout ce que nous connaissons ne nous permet de déduire qu'il existe, et toutes les preuves de son existence sont dépourvues de signification logique. Il n'y a cependant aucune preuve, certes, que Dieu n'existe pas, mais c'est à ceux qui émettent cette idée qu'il incombe d'en faire la preuve. Si vous croyez en Dieu, disent les hommes de science, ce ne peut être que sous l'effet d'une pure impulsion émotionnelle, sans aucun fondement logique ou réel. Ce qui revient pratiquement à prôner l'athéisme. Théoriquement ce n'est qu'une simple position agnostique. Car il est dans l'essence de l'honnêteté scientifique de ne pas prétendre connaître ce que l'on ne connaît pas, de même qu'il est dans l'essence de la méthode scientifique de ne pas se fonder sur des hypothèses qui ne peuvent être vérifiées.

La conséquence immédiate de ce parti pris d'honnêteté a été de susciter une vague d'inquiétude et de dépression profonde. Car il semble que l'homme est incapable de vivre sans mythe, sans se raccrocher à la croyance que la routine et la misère, la douleur et les craintes de cette vie ont quelque signification et but dans l'avenir. Et aussitôt de nouveaux mythes apparaissent — des mythes politiques et économiques, porteurs d'extravagantes promesses quant à des lendemains meilleurs pour ce monde. Ces mythes confèrent à chaque individu un certain sentiment de responsabilité, en le faisant participer à un vaste effort social, dans lequel il oublie un peu sa solitude et son néant. Cependant la violence outrée de ces religions politiques trahissent une angoisse intérieure — car en fait il n'y a rien que des hommes qui se serrent les uns contre les autres et hurlent ensemble pour s'encourager au milieu des ténèbres.

Dès que l'on soupçonne une religion d'être un mythe, son pouvoir d'attraction disparaît. S'il est peut-être nécessaire pour l'homme de croire en un mythe, il ne peut cependant délibérément et consciemment s'en prescrire un comme il peut prendre un cachet contre le mal de tête. Un mythe ne peut « fonctionner » que si l'on croit à sa vérité, et les hommes ne peuvent longtemps s'abuser eux-mêmes intentionnellement et en connaissance de cause.

Même les meilleurs apologistes modernes de la religion semblent ne pas tenir compte de ce fait. Car leur argument le plus convaincant pour un certain retour à l'orthodoxie est de démontrer les avantages moraux et sociaux qu'il y a à croire en Dieu. Mais cela ne prouve en rien que Dieu est une réalité tangible. C'est tout au plus une preuve de l'utilité de croire en Dieu : « Si Dieu n'existait pas il faudrait l'inventer. » Peut-être. Mais si l'on a le moindre soupçon qu'il n'existe pas, cette invention demeure bien vaine. C'est pourquoi, en grande partie, tout ce courant de retour à l'orthodoxie qui anime certains cercles intellectuels sonne plutôt creux. Il s'agit donc beaucoup plus de croire dans la croyance même que de croire en Dieu. Le contraste entre les croyants modernes, incertains, névrotiques et les croyants de la vieille époque, rayonnants de paix intérieure et de dignité sereine, fait apparaître le sort de ces derniers comme beaucoup plus enviable. Mais c'est bien mal interpréter la psychologie que de faire de la présence ou de l'absence de névrose la pierre de touche de la vérité, et de conclure qu'une philosophie est erronée si elle rend les gens névrotiques. « La plupart des athées et des agnostiques sont des névrotiques, alors que la plupart des simples catholiques sont heureux et en paix avec eux-mêmes. Il s'ensuit donc que les opinions des premiers sont fausses, et celles des derniers vraies. »

Même si l'observation est correcte, le raisonnement qui en découle n'en est pas moins absurde. C'est comme si l'on disait : « Vous dites qu'il y a le feu au sous-sol. Vous êtes inquiets. Du fait même que vous êtes inquiets, il n'y a donc évidemment pas le feu. » L'agnostique, le sceptique est névrotique mais cela n'implique pas que sa philosophie est fausse ; cela implique plutôt qu'il est confronté à des faits auxquels il ne sait comment s'adapter. L'intellectuel qui essaie d'échapper à la névrose en niant les faits se comporte suivant le principe : « Si l'on est heureux dans l'ignorance, c'est de la folie d'être sage. »

Quand la croyance en l'éternité est impossible,

et qu'il ne reste plus que le piètre succédané de la croyance en la croyance, les hommes recherchent alors le bonheur dans les joies de leur époque. Mais bien qu'ils essaient de refouler ce sentiment au fin fond de leur esprit, ils n'en ont pas moins conscience que ces joies sont brèves et incertaines. Et cela entraîne deux conséquences. D'une part, il y a l'angoisse de rater quelque chose ; aussi vole-t-on nerveusement et avidement d'un plaisir à l'autre, sans trouver de repos ni de satisfaction réelle. D'autre part, à force d'être frustrés dans notre attente d'un lendemain meilleur qui ne vient jamais, et comme l'on vit dans un monde où chaque chose doit finir par se désintégrer, on finit par penser : « A quoi bon, après tout ? »

Notre époque est donc une époque de frustration, d'angoisse, d'agitation, et d'accoutumance à la « drogue ». Nous devons tant bien que mal saisir ce que nous pouvons pendant que nous le pouvons, et chasser l'impression que tout cela est vain et sans signification. Cette « drogue » est notre haut niveau de vie, c'est-à-dire une stimulation forte et complexe de nos sens, qui finit peu à peu par les désensibiliser ; aussi ceux-ci réclament-ils des stimulations de plus en plus violentes. Nous sommes assoiffés de distractions, de visions, de sonorités, d'émotions, de titillations dont nous voulons jouir au maximum et le plus vite possible.

Pour maintenir ce niveau de vie la plupart d'entre nous organisent leur existence en se pliant à un travail très ennuyeux, afin de gagner suffisamment d'argent pour rompre leur ennui en se livrant, par intervalles, à des plaisirs trépidants et achetés très chers. C'est là qu'ils trouvent la vraie *vie*, la justification réelle du mal nécessaire du travail. Ou alors ils se convainquent qu'ils doivent travailler afin de pouvoir élever une famille et des enfants qui, à leur tour, tiendront le même raisonnement afin d'élever une autre famille... et ainsi *ad infinitum*.

Ce n'est pas une caricature. C'est la pure et simple réalité de millions de vies, tellement banale que nous n'avons pas à nous attarder sur des points de détail ; il nous suffit de remarquer l'angoisse et les frustrations qui accablent ceux qui décident de vivre ainsi, ne sachant pas quoi faire d'autre.

Mais que pouvons-nous faire ? Il semble qu'il n'y ait que deux solutions possibles. La première serait, d'une façon ou d'une autre, de découvrir un nouveau mythe, ou bien d'en ressusciter un ancien sous une forme suffisamment convaincante. Si la science est incapable de prouver que Dieu n'existe pas, nous pouvons essayer de vivre et d'agir comme si, après tout, il pouvait cependant exister. Il semble qu'il n'y ait rien à perdre dans un tel pari, car si la mort est la fin absolue, nous ne saurons jamais ce que nous avons perdu.

Mais, évidemment, nous n'atteindrons pas ainsi à une vraie foi en la vie, car cela revient à dire : « Puisque tout est vain de toute façon, faisons comme s'il n'en était rien. » La seconde solution est de se résoudre inexorablement à considérer que la vie est une « histoire de fous », dont nous pouvons disposer à notre gré, en profitant de tous les secours que la science et la technologie sont susceptibles de nous fournir au cours de notre voyage du néant au néant.

Mais ce ne sont pas là cependant les seules solutions. Nous pourrions commencer par admettre tout l'agnosticisme d'une critique scientifique. Nous pourrions admettre, franchement, que nous n'avons aucune raison scientifique de croire en Dieu, en l'immortalité de l'âme, ou en tout autre idéal absolu. Nous pourrions nous retenir tout à fait de nous efforcer de croire, et prendre la vie telle quelle, et rien de plus. *En partant de cette attitude,* nous découvrons qu'il existe une autre façon de vivre qui n'oblige ni à recourir à une mythologie ni à sombrer dans le désespoir. Mais pour y parvenir il faudrait que nous acceptions une révolution complète de nos modes habituels de penser et de sentir.

Ce qu'il y a d'extraordinaire dans cette révolution est qu'elle nous révèle la vérité cachée derrière les mythes de la religion et de la métaphysique traditionnelles. Elle révèle non pas des croyances, mais les réalités tangibles correspondant, de façon inattendue, aux idées de Dieu et de vie éternelle. Il existe de bonnes raisons de penser que c'est une révolution de cette sorte qui fut à l'origine de certaines des plus importantes idées religieuses, entretenant avec ces dernières un rapport comparable à celui qui lie la réalité au symbole ou la cause à l'effet. L'erreur commune de la pratique religieuse ordinaire est de confondre le symbole et la réalité, de suivre l'index qui indique la voie à prendre, mais plus pour en éprouver un certain réconfort que pour s'y engager véritablement. Les idées religieuses sont comme les mots — c'est-à-dire peu utiles et souvent trompeuses, si l'on ne connaît pas les réalités concrètes qu'elles recouvrent. Le mot « eau » est un moyen de communication utile pour tous ceux qui savent ce qu'est l'eau. Il en va de même pour le mot et l'idée de « Dieu ».

Je ne veux pas ici avoir l'air de faire des mystères ou de revendiquer un « savoir secret ». La réalité qui correspond à Dieu et à la « Vie éternelle » est franche et loyale, simple, ouverte aux yeux de tous. Mais pour la concevoir il faut accommoder l'esprit, de même qu'il faut accommoder l'œil pour atteindre à une vision claire. La découverte de cette réalité est entravée plus que facilitée par toute croyance, que ce soit la croyance en Dieu ou la croyance en l'athéisme.

Il faut ici distinguer bien clairement entre la croyance et la foi, parce que, prise dans son acception commune, la croyance désigne un état d'esprit qui est presque le contraire de la foi. Croire, au sens que je donne ici à ce mot, c'est vouloir que la vérité soit ce que l'on voudrait qu'elle soit. Le croyant n'ouvrira son esprit à la vérité que dans la mesure où elle s'accordera à ses idées et vœux préconçus. Au contraire, la foi est une ouverture d'esprit sans réserve à la vérité, quelle qu'elle soit. La foi ne s'encombre d'aucun préjugé ; elle est un plongeon dans l'inconnu. La croyance immobilise, mais la foi laisse aller librement. Prise dans ce sens, la foi est la vertu essentielle de la science, ainsi que de toute religion qui n'est pas une simple illusion.

La plupart d'entre nous croyons en quelque chose afin de nous sentir en sécurité, afin que nos vies individuelles nous paraissent pourvues de quelque valeur ou signification. La croyance est donc devenue comme une tentative de s'accrocher à la vie, de retenir celle-ci pour soi. Mais on ne peut comprendre la vie et ses mystères tant que l'on s'efforce de la retenir. Et l'on ne peut évidemment pas la retenir, de même que l'on ne peut pas se promener avec toute une rivière dans un seau. Si l'on essaie d'enfermer une eau courante dans un seau, il est évident que l'on ne comprend rien à rien et que l'on sera toujours déçu, car dans un seau, l'eau cesse d'être courante. Pour avoir de l'eau courante, il faut la laisser suivre son cours. Il en est de même pour la vie et pour Dieu. La phase actuelle de la pensée et de l'histoire humaines favorise particulièrement ce « laisser-faire ». Nos esprits y ont été préparés par l'effondrement complet des croyances où nous avons cherché notre sécurité. D'un point de vue strictement, bien qu'étrangement en accord avec certaines traditions religieuses, cette disparition des anciennes certitudes qui nous permettaient d'assurer notre salut n'est pas une catastrophe, mais bien plutôt une bénédiction. Cela nous force à regarder la réalité en face avec un esprit ouvert, car l'on ne peut connaître Dieu qu'avec un esprit ouvert, de même que l'on ne peut voir le ciel qu'à travers une fenêtre claire. On ne peut voir le ciel si l'on a teint la vitre en bleu.

Mais les esprits « religieux » qui refusent de gratter la couche de peinture sur la vitre, qui se méfient et craignent l'attitude scientifique, et confondent la foi avec l'attachement à certaines idées, demeurent étrangement ignorants des lois de la vie spirituelle qu'ils pourraient cependant découvrir dans leurs propres traditions. Une étude attentive de religion et de philosophie spirituelle comparées démontre comment l'abandon de la croyance, ou de tout attachement à une vie future, et de toute tentative d'échapper à la finitude et à la mortalité, est une étape logique et naturelle dans la voie de l'esprit. Certes, il s'agit ici d'un « premier principe » de la vie spirituelle tellement évident que l'on est en droit de s'étonner qu'il n'ait pas été reconnu dès le début, et il est encore plus surprenant de voir que de savants théologiens se contentent d'une simple coopération avec la philosophie critique des sciences.

Il est connu depuis longtemps que le salut passe par la mort de la forme humaine de Dieu. Mais il n'était peut-être pas aussi facile de comprendre que la forme humaine de Dieu n'est pas simplement le Christ, mais aussi toutes les représentations, idées et croyances en l'Absolu qui occupent les esprits des hommes. Car telle est la véritable signification du commandement : « Tu ne graveras aucune image d'aucune sorte de ce qui est dans les cieux, tu ne t'inclineras pas devant celles-ci, et tu ne les adoreras pas. »

Pour atteindre à l'ultime Réalité de la vie — l'Absolu, l'Eternel, Dieu — il faut cesser de la figer sous forme d'idole. Car ces idoles ne sont pas simplement des images brutes, telles que la représentation imaginaire de Dieu sous les traits d'un vieil homme, assis sur un trône doré. Elles sont aussi nos croyances, nos préconceptions favorites de la vérité, qui s'opposent à l'ouverture sans réserve de notre esprit et de notre cœur à la réalité. La seule fonction légitime des images est d'exprimer la vérité, et non pas de la détenir.

Il en a toujours été ainsi dans les grandes traditions orientales, telles que le bouddhisme, le vedanta, et le taoïsme. Ce principe n'était pas inconnu aux chrétiens, car il était implicitement contenu dans toute l'histoire et l'enseignement du Christ. Sa vie entière fut du début à la fin l'expression de son acceptation totale de l'insécurité. « Les renards ont des terriers, et les oiseaux de l'air ont des nids, mais le Fils de l'Homme ne peut nulle part cacher sa tête. »

Ce principe devient encore plus évident si l'on considère le Christ comme divin dans l'acception la plus orthodoxe de ce terme — soit en tant qu'incarnation particulière et unique de Dieu. En effet, le thème fondamental de la vie du Christ est que cette image fidèle de Dieu devient source de vie au moment précis où elle se désagrège. A ses disciples qui essayaient de s'accrocher à sa divinité telle qu'elle se présentait sous la forme de son individualité humaine, il expliqua : « Tant qu'un grain de blé ne tombe pas dans la terre et ne meurt, il demeure stérile. Mais s'il meurt, il fructifiera. » C'est dans ce même esprit qu'il leur déclara : « Il est bon pour vous que je disparaisse car si je ne disparaissais pas, le Paraclet (le Saint-Esprit) ne pourrait descendre sur vous. »

Ces mots s'appliquent plus que jamais aux chrétiens, et s'accordent parfaitement à notre époque. Mais nous n'avons jamais réellement compris le sens révolutionnaire caché derrière ces mots — cette incroyable vérité : ce que la religion appelle la vision de Dieu ne s'obtient qu'en abandonnant toute croyance en une quelconque idée de Dieu. Suivant cette même loi de l'effort inversé, nous découvrirons l' « absolu » et l' « infini », non pas en nous efforçant d'échapper au monde fini et relatif, mais en acceptant totalement ses limites. Si paradoxal que cela puisse paraître, nous ne découvrirons de même un sens à notre vie que lorsque nous réaliserons qu'elle est tout à fait dépourvue de but, et nous ne connaîtrons les « mystères de l'univers » que lorsque nous serons intimement convaincus que nous n'en connaissons encore rien. La foule des agnostiques, des relativistes et des matérialistes ne réussissent pas à comprendre cela parce qu'ils ne vont pas jusqu'au bout de leurs pensées — aboutissement qui constituerait cependant la surprise de leur vie. Ils abandonnent trop tôt leur foi, leur ouverture d'esprit devant la réalité, et ils finissent par se figer dans des théories. La découverte de ce mystère, de cette merveille supérieure à toutes les merveilles, n'exige aucune croyance, car nous ne pouvons croire qu'en ce que nous connaissons déjà, qu'en ce que nous avons déjà préconçu et imaginé. Il nous suffit d'ouvrir suffisamment grands les yeux de l'esprit, et la « vérité surgira d'elle-même ».

2

Douleur et temps

Il est des moments où presque chacun d'entre nous envie le sort des animaux. Ils souffrent et meurent, mais n'ont pas l'air de s'en préoccuper. Leurs vies semblent peu compliquées. Ils mangent quand ils ont faim et ils dorment quand ils sont fatigués, mais c'est l'instinct plus que l'angoisse qui les pousse à s'organiser sommairement pour l'avenir. Autant que nous pouvons en juger, chaque animal est tellement occupé à ce qu'il fait dans l'instant même qu'il ne doit jamais se demander si sa vie a un sens ou un avenir quelconque. Pour les animaux, le bonheur consiste à jouir de la vie dans l'instant immédiat — et peu leur importe qu'il existe tout un avenir de joies devant eux.

Or, ce n'est pas simplement parce que l'animal est une créature relativement insensible. Souvent même, au contraire, son ouïe et son odorat sont bien plus développés que les nôtres, et l'on peut difficilement mettre en doute qu'il ne savoure intensément sa nourriture et son sommeil. Malgré ses sens développés, son cerveau n'en est pas moins relativement insensible. Ce dernier est plus spécialisé, et c'est pourquoi les animaux sont des créatures qui contractent facilement des habitudes ; ils sont incapables, en revanche, de raisonner et de concevoir dans l'abstrait, et leurs facultés de mémorisation et de « prédiction » sont extrêmement limitées.

Il est hors de doute que la sensibilité du cerveau humain accroît incommensurablement notre jouissance de la vie. Mais nous payons cela chèrement, parce que l'accroissement de notre sensibilité nous rend d'autant plus vulnérables. On peut devenir moins vulnérable en devenant moins sensible — plus une pierre et moins un homme — mais moins apte donc à éprouver des sentiments de joie. La sensibilité exige une très grande douceur et beaucoup de fragilité — pupilles, tympans, papilles gustatives et terminations nerveuses, aboutissant tous à ce très délicat organisme qu'est le cerveau. Ces organes ne sont pas seulement délicats et fragiles, mais ils sont aussi périssables. Il semble qu'il n'y ait aucun moyen d'atténuer le caractère délicat et périssable d'un tissu vivant sans réduire du même coup sa vitalité et sa sensibilité.

Si nous pouvons éprouver des plaisirs intenses, c'est que nous sommes sujets à d'intenses douleurs. Nous aimons le plaisir et nous détestons la douleur, mais il semble impossible d'avoir l'un sans l'autre. Et il apparaît de plus que tous deux doivent en quelque façon alterner, car le plaisir continu est un stimulus qui ne peut que s'émousser ou s'accroître. Or, tout plaisir accru, soit durcit et insensibilise les terminaisons nerveuses sous sa poussée, soit se transforme en douleur. Un régime alimentaire à base de nourriture riche coupe l'appétit ou rend malade.

Plus l'on considère la vie comme un bien, plus, proportionnellement, la mort apparaît comme un mal. Plus nous sommes capables d'aimer une autre personne et de jouir de sa compagnie, plus nous souffrons lors de sa mort, ou de sa séparation. Plus notre conscience s'aventure loin dans le domaine de l'expérience, plus nous payons cher sa connaissance. Il est donc compréhensible que nous en venions parfois à nous demander si nous ne sommes pas allés trop loin dans cette direction, si « le jeu en vaut la chandelle », et s'il ne vaudrait pas mieux inverser le cours de l'évolution dans la seule autre direction possible — c'est-à-dire en revenant à l'état de paix relative propre aux animaux, aux végétaux, et aux minéraux.

C'est ce qui arrive souvent. Il y a des femmes qui, profondément blessées dans leurs amours ou leur mariage, jurent de ne jamais plus laisser un homme jouer avec leur cœur, et deviennent de dures et amères vieilles filles. Encore plus courant est le cas du garçon sensible qui apprend à l'école à se blinder pour la vie en s'enfermant dans une attitude de « dur ». Arrivé à l'âge adulte, par autodéfense, il adopte l'attitude d'un Philistin, pour lequel toute culture émotionnelle et intellectuelle fait femmelette et « pédé ». Porté à l'extrême, la fin logique de ce genre de réaction envers la vie est le suicide. Une personne dure et amère est toujours quelqu'un d'à demi suicidé ; une partie d'elle-même est déjà morte.

Si nous voulons donc devenir des êtres humains à part entière et pleinement vivants et conscients, il semble que nous devions accepter de souffrir pour nos plaisirs. Sans cette acceptation, nous n'élargirons jamais le champ de notre conscience. Et cependant, nous ne voulons généralement pas accepter de souffrir, et nous ne croyons guère même que nous pourrions en être capables. Car « notre nature » se rebelle tellement contre la douleur que la simple idée d'avoir à l'accepter au-delà d'un certain seuil nous semble impossible et tout à fait vide de sens.

Dans ces conditions, notre vie apparaît comme une contradiction et un conflit. Comme la conscience *doit* recouvrir à la fois et la douleur et le plaisir, la recherche du plaisir à l'exclusion de la douleur revient en fait à rechercher la perte de conscience. Et comme cette perte est en principe semblable à la mort, cela signifie que plus nous luttons pour la vie (en tant que source de plaisirs), plus nous tuons en fait ce que nous aimons.

Et c'est là l'attitude courante des hommes envers tout ce qu'ils aiment. Mais la plus grande partie de l'activité humaine tend à faire durer éternellement ces expériences et ces joies qui n'éveillent notre passion que dans la mesure où elles sont changeantes. La musique est un plaisir de par son rythme et son harmonie fluctuante. Mais dès que l'on arrête le flux et que l'on prolonge une note ou un accord plus que de mesure, on casse le rythme. Et comme la vie est également un processus fluctuant, le changement et la mort en font nécessairement partie. S'efforcer de les exclure c'est lutter contre la vie même.

Cependant, la simple expérimentation de cette alternance entre le plaisir et la douleur ne constitue en aucune façon le noyau du problème humain. Si nous désirons que la vie ait un sens, si nous recherchons Dieu ou la vie éternelle, ce n'est pas simplement que nous essayons d'échapper à l'expérience immédiate de la douleur. Et ce n'est pas pour cette raison non plus que nous adoptons des attitudes et des rôles afin de nous habituer à rester perpétuellement sur la défensive. Le véritable problème ne provient pas de notre sensibilité momentanée à la douleur, mais bien plutôt de nos merveilleuses facultés de mémorisation et de prédiction — c'est-à-dire en bref de notre conscience du *temps*.

Pour qu'un animal soit heureux il suffit qu'il puisse jouir de l'instant présent. Mais l'homme s'en satisfait rarement. Il demeure très attaché au fait de pouvoir caresser des souvenirs et des espérances agréables, et plus particulièrement ces dernières. Ce point assuré, il peut s'accommoder d'un présent extrêmement misérable.

Prenez l'exemple d'une personne qui sait que dans deux semaines elle devra subir une intervention chirurgicale. Entre-temps elle ne ressent aucune douleur physique ; elle peut manger à sa faim ; elle est entourée d'amis et d'affection humaine ; elle exerce un travail qui en temps normal la passionne. Mais sa faculté de jouir de ces choses est suspendue du fait de son appréhension constante. Elle est insensible aux réalités immédiates qui l'entourent. Son esprit est occupé par quelque chose qui n'est pas encore là. Ce n'est pas qu'elle y pense de façon pratique, comme si elle devait encore décider si elle allait ou non se faire opérer, ou bien veiller au sort de sa famille et au règlement de ses affaires au cas où elle mourrait. Toutes ces décisions ont déjà été arrêtées. Néanmoins elle continue de penser à son opération d'une façon parfaitement inutile qui l'empêche de jouir de la vie dans l'instant et ne lui apporte de plus aucune solution à aucun problème. Mais elle ne peut s'en empêcher.

C'est la contradiction humaine typique. L'objet de l'appréhension peut ne pas être une opération chirurgicale dans un proche avenir. Il peut s'agir du loyer à payer pour le mois prochain, d'une guerre ou d'un désastre social pointant à l'horizon, de savoir si l'on arrivera à économiser quelque argent pour la vieillesse, ou enfin de la mort elle-même. Ce « trouble-fête » du présent peut très bien même ne pas être une menace lointaine. Ce peut être quelque événement du passé, le souvenir d'une injure, un crime ou une indiscrétion qui vient hanter le présent en éveillant notre ressentiment ou notre sentiment de culpabilité. Le pouvoir des souvenirs et des espérances est tellement grand que pour la plupart des êtres humains le passé et le futur ne sont pas tant *aussi* réels, que *plus* réels encore que le présent. On ne peut vivre le bonheur dans le présent tant que l'on n'a pas « nettoyé » son passé et que le futur ne brille pas de promesses.

On ne peut nier que la faculté de se souvenir et d'espérer, d'ordonner le chaos de tous les instants, est un développement merveilleux de la sensibilité. D'une certaine façon cette faculté est la pleine réalisation du cerveau humain, grâce à laquelle l'homme dispose des plus extraordinaires pouvoirs lui permettant de survivre et de s'adapter à la vie. Mais l'usage que nous faisons généralement de ces pouvoirs finit plutôt par en ruiner tous les avantages. Car il devient assez vain de pouvoir se souvenir et prévoir si cela nous empêche de vivre pleinement dans le présent.

Quel avantage retirons-nous de pouvoir décider de ce que nous mangerons la semaine suivante si nous ne pouvons jouir véritablement de ces repas quand ils sont là devant nous ? Si je suis trop occupé à me demander ce que je mangerai la semaine prochaine pour pouvoir profiter pleinement de ce que je suis en train de manger maintenant, je retomberai dans cette même situation difficile quand je me retrouverai à table la semaine prochaine.

Si mon bonheur dans l'instant consiste en grande partie à me rappeler d'heureux souvenirs ou à entretenir de joyeuses espérances, c'est que je ne suis qu'obscurément conscient de cet instant présent. Et je serai toujours aussi faiblement conscient de ce présent quand les bonnes nouvelles attendues se présenteront. Car j'aurai pris l'habitude de regarder en arrière et en avant, ce qui ne peut que nuire à mon attention pour les faits se déroulant ici et maintenant. Si, donc, ma conscience du passé et du futur obscurcit ma conscience du présent, je suis en droit de me demander si c'est bien dans le monde réel que je vis.

Après tout, le futur ne revêt presque aucune signification et n'est pratiquement d'aucune importance, puisque, tôt ou tard, il doit se transformer en présent. Aussi faire des projets pour un avenir qui ne doit jamais devenir présent est à peine plus absurde que de faire des projets pour un futur, lequel, devenant présent, me trouvera « absent », et en train de regarder obstinément par-dessus ses épaules au lieu de le regarder bien en face.

Cette façon de vivre dans les fantasmes de l'attente plus que dans la réalité du présent est le travers particulier de tous les hommes d'affaires qui ne vivent que pour gagner de l'argent. De nombreuses personnes riches s'entendent mieux à gagner et économiser de l'argent qu'à s'en servir et à en jouir. Leur vie est un échec parce qu'elles sont toujours en train de se préparer à vivre. Au lieu de gagner simplement de quoi vivre elles gagnent de quoi gagner encore plus d'argent, aussi sont-elles incapables de profiter de leurs moments de détente. De nombreuses personnes « ayant réussi » s'ennuient et se sentent misérables quand elles prennent leur retraite, et il arrive qu'elles continuent d'occuper leurs fonctions uniquement afin d'empêcher un jeune de prendre leur place.

D'un autre point de vue encore, notre façon de recourir à la mémoire et à la prédiction rend plus difficile notre adaptation à la vie plus qu'elle ne la facilite. Si pour jouir d'un instant présent heureux, nous devons être assurés d'un lendemain également heureux, c'est que nous « réclamons la lune ». Nous ne pouvons obtenir une telle assurance. Même les meilleures prédictions relèvent plus de la probabilité que de la certitude, et autant que nous pouvons le savoir nous sommes destinés à souffrir et à mourir. Si, donc, nous sommes incapables de vivre heureux sans être assurés du futur, c'est que nous ne sommes pas adaptés à vivre dans un monde fini où, malgré les meilleures prévisions, un accident peut toujours arriver, et où la mort est la fin inéluctable.

Voilà donc quel est le problème humain : il faut payer le prix de tout accroissement de conscience. Nous ne pouvons être plus sensibles au plaisir sans être en même temps plus sensibles à la douleur. En nous remémorant le passé, nous pouvons faire des projets pour l'avenir. Mais notre faculté de prévoir nos moments de plaisir dans l'avenir est contrariée par notre appréhension de la douleur et notre crainte de l'inconnu. De plus, le développement de notre sens aigu du passé et de l'avenir finit par affaiblir notre sens du présent ; pour parler en d'autres termes, il semble que nous atteignons un point où les avantages d'être conscient sont contrebalancés par ses inconvénients, où une sensibilité extrême finit par faire de nous des inadaptés.

Dans ces conditions, nous nous sentons en conflit avec nos propres corps et le monde qui nous entoure ; aussi cela nous console-t-il de penser que nous ne sommes que « des étrangers et des passants » dans ce monde plein de contradictions. Car si nos désirs ne sont en harmonie avec rien de ce que le monde fini peut nous offrir, nous pouvons en conclure que notre nature n'est pas de ce monde, et que nos âmes sont conçues non pour le fini, mais pour l'infini. La misère de notre âme apparaîtrait alors comme le signe et la marque de sa divinité.

Mais est-ce que le désir de quelque chose suffit à prouver que cette chose existe ? Nous savons qu'il n'en est pas nécessairement ainsi. Il peut être consolant de penser que nous sommes les citoyens d'un autre monde et qu'après notre exil sur terre nous pourrons enfin rejoindre la véritable demeure que nos cœurs désirent. Mais si nous *sommes* des citoyens de ce monde, et s'il n'y a pas de satisfaction finale pour notre âme malheureuse, la nature, en créant l'homme, n'a-t-elle pas alors commis une grave erreur ?

Car il semble que, pour l'homme, la vie soit un conflit interne sans espoir. Pour être heureux, il faut que nous ayons ce que nous ne pouvons pas avoir. La nature a mis dans l'homme des désirs qu'il lui est impossible de satisfaire. Pour que l'homme puisse boire plus pleinement à la source des plaisirs, la nature l'a doté de facultés qui le rendent plus sensible à la douleur. Elle nous a permis de prévoir le futur, mais dans une faible mesure simplement, et nous le payons chèrement par la frustration de savoir qu'en fin de compte nous serons perdants. Si nous trouvons cela absurde, cela revient à dire que la nature nous a dotés d'intelligence uniquement pour que nous puissions conclure de mauvais gré à son absurdité. La conscience semble être un moyen d'auto-torture ingénieusement fourni par la nature.

Evidemment nous ne voulons pas admettre que cela est vrai. Mais il serait facile de démontrer comment le raisonnement contraire n'est qu'un vœu pieux — la ruse de la nature afin de nous écarter du suicide et de permettre que ce cercle vicieux se perpétue. Le raisonnement, donc, n'est pas suffisant. Il faut pénétrer plus profondément à l'intérieur des choses. Il faut regarder au fond de cette vie, de cette nature, qui s'est éveillée en nous, et découvrir si elle est réellement en conflit avec elle-même, ou bien si elle désire réellement la sécurité et l'absence de douleur dont ses formes individuelles ne peuvent jamais jouir.

3

Le grand flux

Nous avons l'air de mouches prises dans un pot de miel. Parce que la vie nous est douce nous ne voulons pas l'abandonner, et pourtant plus nous y sommes engagés plus nous nous sentons pris au piège, limités et frustrés. Nous l'aimons et la détestons tout à la fois. Nous nous prenons d'amour pour des gens et des biens et nous finissons par être torturés d'angoisse à leur sujet. Le conflit n'existe pas seulement entre nous-mêmes et l'univers qui nous entoure ; il se trouve également entre nous-mêmes et nous-mêmes. Car la nature toute-puissante se trouve à la fois en nous et autour de nous. La « vie » exaspérante qui est à la fois périssable et digne d'être aimée, agréable et douloureuse, une bénédiction et une malédiction, est également la vie de nos propres corps.

Tout se passe comme si nous étions divisés en deux parties bien distinctes. Il y a d'un côté l' « ego » conscient, à la fois intrigué et déconcerté, c'est-à-dire la créature prise au piège. De l'autre côté il y a le « moi », et le « moi » fait partie de la nature — c'est la chair capricieuse avec toutes ses limites à la fois belles et frustrantes. L' « ego » se projette lui-même en tant qu'être raisonnable, et il critique sans cesse la perversité du « moi », les passions de ce dernier qui le troublent, le fait qu'il soit trop facilement sujet à la douleur et à des maladies contraignantes, le fait qu'il soit pourvu d'organes périssables, et qu'il ait des appétits qui ne peuvent jamais être satisfaits. Des appétits d'une nature telle que si l'on veut pleinement les assouvir en organisant un immense « festin », on finit par tomber malade. Ce qu'il y a peut-être de plus exaspérant dans le « moi », la nature et l'univers, est qu'ils ne restent jamais en place. Tout comme une belle femme qui ne se laisserait jamais prendre, et dont l'inconstance serait justement tout le charme. En effet, le caractère périssable et changeant du monde fait partie intégrante de sa vie et de sa beauté. C'est pourquoi les poètes sont si souvent inspirés quand ils parlent du changement, et du « caractère transitoire de la vie humaine ». La beauté de ce genre de poésie tient à quelque chose de plus qu'une simple touche de nostalgie légèrement poignante.

Notre divertissement est terminé. Ces acteurs, je vous l'ai dit déjà, étaient tous des esprits ; ils se sont fondus en air, en air impalpable. Pareillement à l'édifice sans base de cette vision, les tours coiffées de nuages, les palais fastueux, les temples solennels, le grand globe lui-même avec tous ceux qui en ont la jouissance se dissoudront, comme ce cortège insubstantiel s'est évanoui, sans laisser derrière eux la moindre vapeur[1].

Il y a là quelque chose de plus beau encore qu'une simple succession d'images mélodieuses, et le thème de la dissolution ne tire pas uniquement sa splendeur des simples choses dissoutes. Ce qui est vrai est plutôt que les images, bien que belles en elles-mêmes, ne prennent vie qu'au moment de s'effacer. Le poète les libère de leur rigidité statique, et transforme une beauté qui ne serait autrement que sculpturale et architecturale en une musique dont les échos s'évanouissent à peine ont-ils résonné. Les tours, les palais, et les temples deviennent tout vibrants, et éclatent sous la poussée vitale qui se manifeste en eux. Passer c'est vivre ; demeurer et persévérer c'est mourir. « Tant qu'un grain de blé ne tombe en terre et ne meurt, il demeure stérile. Mais s'il meurt alors il fructifie. »

Les poètes en effet ont compris cette vérité que la vie, le changement, le mouvement, et l'insécurité ne sont que des noms différents dési-

1. Shakespeare, *La Tempête*. Bibliothèque de la Pléiade. Traduction de Pierre Leyris et Elizabeth Holland.

gnant une seule et même chose. Ici, sinon partout, la vérité est beauté, car le mouvement et le rythme sont l'essence même de toutes les choses dignes d'être aimées. En sculpture, en architecture, et en peinture la forme finie se tient immobile, mais, même ainsi, l'œil ne se réjouit de contempler cette forme que dans la mesure où celle-ci révèle une certaine absence de symétrie, par laquelle, bien qu'immobile et prise dans la pierre, elle donne une impression de mouvement.

N'est-ce donc pas un étrange paradoxe, absolument sans fondement et tout à fait artificiel, que l' « ego » s'oppose au changement du « moi » et de l'univers environnant ? Car le changement n'est pas une simple force destructrice. Chaque forme est réellement un modèle de mouvement, et toute chose vivante est comme une rivière qui ne pourrait couler si elle ne se déversait pas dans la mer par son embouchure. La vie et la mort ne sont pas deux forces opposées ; elles sont simplement deux aspects différents d'une même force, car le mouvement du changement est autant destructeur que constructeur. Le corps humain vit parce qu'il est un ensemble complexe de mouvements, de circulation, de respiration, et de digestion. Résister au changement, essayer de s'accrocher à la vie, c'est comme vouloir retenir sa respiration : si l'on force un peu trop, on peut finir par s'asphyxier.

Comme nous nous pensons nous-mêmes en tant qu'êtres divisés entre un « ego » et un « moi », nous avons facilement tendance à oublier que la conscience elle-même ne vit que parce qu'elle est en mouvement. Elle fait autant partie, et est autant le produit, du flux changeant que le sont et en font partie le corps et l'ensemble du monde naturel. Si on l'étudie attentivement, on découvre que la conscience — ce que l'on appelle l' « ego » — est réellement un flux d'expériences, de sensations, de pensées, et de sentiments, animé d'un mouvement constant. Mais parce que ces expériences comprennent des souvenirs, nous avons l'impression que l' « ego » est quelque chose de solide et de stable comme une tablette où la vie inscrirait son passage.

Mais cette « tablette » se meut suivant le doigt qui écrit, tout comme un cours d'eau s'écoule avec ses ondulations ; aussi la mémoire est-elle comme un disque gravé sur l'eau — un disque dont les microsillons seraient les vagues mues par d'autres vagues... que l'on appelle des sensations et des faits. La différence entre l' « ego » et le « moi » est en grande partie une illusion de la mémoire. En fait, l' « ego » est de même nature que le « moi ». Il fait partie de l'ensemble de notre être, de même que notre tête fait partie de notre corps. Mais si nous ne comprenons pas cela, l' « ego » et le « moi », la tête et le corps, demeureront en désaccord. L'ego, ne comprenant pas qu'il est lui-même partie intégrante du flux changeant, essaiera de trouver un sens au monde et à l'expérience en les « fixant ».

Et c'est ainsi que l'on arrive à la guerre entre la conscience et la nature, entre le désir de permanence et la réalité du flux. Cette guerre est tout à fait vaine et frustrante — un véritable cercle vicieux — car elle est un conflit entre deux parties d'une seule et même chose. Elle dirige la pensée et l'action suivant des cercles qui tournoient de plus en plus vite et ne mènent nulle part. Car en ne comprenant pas que notre vie est changement, nous nous dressons contre nous-mêmes, semblables à Ouroboros, le malheureux serpent qui essaie de se mordre la queue. Ouroboros est le symbole éternel de tous les cercles vicieux, de toutes les tentatives de séparation de notre être en deux parties afin que l'une prenne le dessus de l'autre.

Si fortement que nous luttons pour « fixer » les choses, cela ne nous éclairera jamais sur la signification du changement. La seule façon de comprendre le changement c'est de s'y plonger, de suivre son mouvement, et d'entrer dans la danse.

La religion, telle que la plupart d'entre

nous la connaissent, s'est toujours appliquée à comprendre la vie en la « fixant ». Elle a essayé de donner un sens à ce monde transitoire en le reliant à un Dieu immuable, et en lui assignant comme but une vie immortelle par laquelle l'individu ne formerait plus qu'un seul tout avec la nature immuable de la divinité. « Accorde-leur le repos éternel, ô Seigneur, et que la lumière perpétuelle brille sur eux. » De même elle essaie de rendre compte du mouvement tourbillonnant de l'histoire en le raccordant aux lois fixées par Dieu « dont le Monde durera éternellement ».

Mais c'est nous-mêmes qui avons créé ce problème en confondant l'intelligible avec le « fixe ». Nous croyons qu'il est impossible de donner un sens à notre vie si nous ne réussissons pas à canaliser le flux des événements dans une forme rigide. Pour qu'elle ait un sens, il faut que la vie puisse se comprendre dans des termes de lois et d'idées fixes, et ceux-ci à leur tour doivent correspondre à des réalités éternelles et immuables derrière les apparences changeantes [1]. Mais si tel est le sens de l'expression « donner un sens

1. Nous verrons plus tard comment ces idées métaphysiques de l'immuabilité et de l'éternité peuvent revêtir une autre signification. Elles n'impliquent pas, en effet, nécessairement une vision statique de la réalité, et bien qu'elles servent généralement à « fixer le flux », il n'en a cependant pas toujours été ainsi.

à la vie », c'est donc que nous nous sommes assignés la tâche impossible de « fixer » un flux.

Avant de rechercher s'il n'existe pas une meilleure explication de notre univers, nous devons découvrir comment cette confusion entre « sens » et « fixité » a pu se produire.

Le malheur est que nous avons développé notre faculté de penser dans une seule direction et si rapidement que nous avons fini par oublier la vraie nature du rapport qui relie les pensées aux actes, et les mots aux choses. La pensée consciente a suivi toute seule sa propre voie et elle s'est créé son propre monde ; aussi, quand elle entre en conflit avec le monde réel, sommes-nous réduits à vivre un désaccord profond entre l' « ego », c'est-à-dire le penseur conscient, et la nature. Cette évolution unidimensionnelle de l'homme n'est pas uniquement le fait des intellectuels ou des personnes évoluées, car ceux-ci ne sont que les exemples extrêmes d'une tendance qui affecte l'ensemble de notre civilisation.

Nous avons oublié que les pensées et les mots ne sont que des *conventions ;* or, il est funeste de prendre les conventions trop au sérieux. Une convention est une commodité sociale, comme l'argent par exemple. L'argent permet d'éviter les inconvénients du troc. Mais il est absurde de prendre l'argent trop au sérieux, de le confondre avec la richesse réelle, parce que nous voyons bien que cela ne nous réussirait pas du tout d'en manger ou de s'en faire un vêtement. L'argent est plus ou moins statique, car l'or, l'argent en métal, un billet ou un chèque peuvent « durer » longtemps. Mais les richesses réelles, comme la nourriture, sont périssables. Aussi une communauté posséderait-elle même tout l'or du monde, si elle n'engrangeait pas ses récoltes, n'en mourrait pas moins de faim.

De même en quelque sorte, les pensées, les idées et les mots sont des « pièces » pour des choses réelles. Elles ne sont *pas* ces choses, et même si elles les représentent, il reste de nombreux points sur lesquels elles ne leur correspondent pas du tout. C'est ce même rapport entre argent et biens réels qui existe entre pensées et choses : les idées et les mots sont plus ou moins « fixés » alors que les choses réelles changent.

Il est plus facile de dire « Je » que de montrer du doigt son propre corps, et de dire « veux » plutôt que d'essayer de mimer un vague geste en direction de la bouche ou de l'estomac. Il est également plus facile de dire « eau » que de mener un ami près d'un puits et de faire le geste de puiser. Il est également plus facile de s'accorder sur les mêmes mots pour désigner des mêmes choses, et de s'en tenir à ces mots, même si les choses signifiées changent constamment.

A l'origine, le pouvoir des mots a dû paraître magique et, certes, les miracles opérés par la pensée verbale ont justifié par la suite cette impression. Quelle merveille ce dut être que de pouvoir se libérer de l'incommodité du langage par signes et appeler son ami en émettant un son simple et bref — son nom ! Il n'est pas étonnant que l'on ait considéré les noms comme les manifestations mystérieuses d'une puissance surnaturelle, et que les hommes aient identifié leurs noms avec leurs âmes ou qu'ils y aient recouru afin d'invoquer des forces spirituelles. Certes, le pouvoir des mots a troublé l'esprit des hommes de plus d'une façon. Définir a fini par signifier à peu près la même chose que comprendre. Mais, et c'est encore plus important, les mots ont permis à l'homme de se définir — de coller l'étiquette « moi » sur une certaine partie de son expérience.

Telle est peut-être la signification de l'ancienne croyance suivant laquelle le nom est l'âme. Car définir c'est isoler, couper un certain ensemble de formes du flux de la vie, et dire : « Cela est Moi. » Quand un homme peut se nommer et se définir, il se sent une identité. Aussi en arrive-t-il à se sentir, tout comme le nom, séparé et statique, face au monde réel et fluctuant de la nature.

Mais dès qu'il s'appréhende en tant qu'être séparé, le conflit éclate entre l'homme et la nature. Le langage et la pensée interviennent et prennent part à ce conflit, et toute la magie que les hommes peuvent libérer en se nommant s'étend alors à tout l'univers. Les pouvoirs de cet univers sont nommés, personnalisés et invoqués dans la mythologie et la religion. Les processus naturels sont rendus intelligibles, parce que tous les processus *réguliers* — tels que la rotation des étoiles dans le ciel ou l'alternance des saisons — peuvent être reliés à des mots, et attribués à l'activité des dieux ou de Dieu, le Mot éternel. Plus tard la science recourut à cette même méthode, en analysant tous les différents phénomènes réguliers de l'univers, en les nommant, les classifiant, et en les utilisant de façon encore plus miraculeuse.

Mais précisément parce qu'il est dans la nature et l'usage des mots et des pensées d'être fixés, définis et isolés, il est extrêmement difficile de décrire la caractéristique la plus importante de la vie — soit son mouvement et sa fluidité. De la même manière exactement que l'argent ne représente pas le caractère périssable et comestible de la nourriture, de même les mots et les pensées ne représentent pas la vitalité de la vie. Il y a à peu près la même différence entre la pensée et le mouvement qu'entre un homme qui court réellement et un film où le mouvement de sa course est décomposé en une suite d' « images immobiles ».

Nous recourons à cette convention des « points ou images immobiles » chaque fois que nous voulons décrire ou penser un corps en mouvement, un train par exemple, en disant qu'à tel et tel moment il se trouve *à* tel et tel endroit. Mais cela n'est pas tout à fait exact. En effet, nous pouvons dire qu'un train se trouve en un point particulier « maintenant ! ». Mais il nous faut un certain temps pour prononcer « maintenant ! » et pendant cet intervalle de temps, même s'il est très bref, le train a poursuivi sa course. La seule chose que nous pouvons dire est que le train, dans sa course, se trouve (c'est-à-dire est arrêté) en un point précis à un moment précis même si tous deux sont infiniment réduits. Mais les points infiniment réduits et les moments fixés sont toujours des points imaginaires, et appartiennent plus à la théorie mathématique qu'au monde réel.

Il est plus facile pour les calculs scientifiques de décomposer un mouvement en une suite de très courtes secousses ou points immobiles. Mais nous tombons dans la confusion si nous identifions le monde décrit et mesuré suivant ces conventions avec le monde de l'expérience. Une série de points fixes, même si elle défile rapidement sous nos yeux, ne peut rendre compte de la vitalité et de la beauté essentielles du mouvement. Toute définition, toute description, laisse dans l'ombre ce qu'il y a de plus important.

Aussi utiles que soient ces conventions pour le calcul, le langage et la logique, nous tombons en plein dans l'absurde si nous pensons que le genre de langage que nous utilisons ou que le genre de logique grâce auquel nous raisonnons peuvent réellement définir ou « expliquer » le monde « physique ». Si les hommes sont frustrés c'est en partie parce qu'ils s'attendent trop à ce que le langage et la pensée leur fournissent des explications qu'ils ne peuvent en aucun cas fournir. Vouloir que la vie soit « intelligible » c'est vouloir que la vie soit autre chose que la vie. C'est préférer une projection animée à l'homme réel en train de courir vraiment. Croire que la vie ne saurait avoir de sens sans permanence du « moi », c'est comme tomber désespérément amoureux de quelques centimètres d'une personne.

Les mots et les mesures ne rendent pas compte de la vie en tant que telle ; ils la symbolisent seulement. Aussi toutes les « explications » de l'univers véhiculées par des mots restent-elles circulaires, et les choses les plus essentielles demeurent inexpliquées et indéfinies. Le dictionnaire lui-même est circulaire. Il définit des mots en recourant à d'autres mots. Le dictionnaire se rapproche un peu plus de la vie quand, pour un mot, il donne également un dessin. Mais il faut remarquer que toutes les planches illustrées d'un dictionnaire se rapportent à des substantifs et non à des verbes. L'illustration du verbe « courir » devrait représenter une série d'images fixes comme dans un dessin animé, car ni les mots ni les images statiques ne peuvent définir ou expliquer un mouvement.

Les substantifs eux-mêmes sont des conventions. Nous ne pouvons définir cette « chose » réelle et vivante en l'associant au son *homme*. Quand nous disons : « Ceci (avec un signe de l'index) *est* un homme », ce que nous pointons du doigt n'est pas *homme*. Pour être plus clair nous devrions dire : « Ceci est symbolisé par le son *homme*. » Qu'est-ce donc que *ceci ?* Nous ne savons pas. C'est-à-dire que nous ne pouvons pas le définir de façon fixe, bien que dans un autre sens, nous le ressentions en tant qu'expérience immédiate — un processus fluctuant sans début ou fin définissable. Ce sont les seules conventions qui me persuadent que je suis simplement ce corps limité, par la peau dans l'espace, et par la naissance et la mort dans le temps.

Où est-ce que je commence et finis dans l'espace ? J'entretiens un rapport avec le soleil et l'air qui est aussi vital pour mon existence que mon cœur. Le mouvement dont je ne suis qu'une forme ou une circonvolution commença il y a un nombre incalculable d'années, bien avant l'événement (isolé conventionnellement) que j'appelle ma naissance, et continuera bien longtemps après ma mort. Seuls les mots et les conventions peuvent nous isoler de cette chose entièrement indéfinissable qu'est toute chose.

Ces mots sont néanmoins utiles, tant que nous n'oublions pas qu'ils ne sont que de simples conventions et que nous les utilisons simplement au même titre que ces lignes imaginaires des latitudes et des longitudes tracées sur les cartes mais qui n'existent pas réellement. Mais dans la pratique nous sommes tous ensorcelés par les mots. Nous les confondons avec le monde réel, et nous nous efforçons de vivre dans le monde réel comme si celui-ci était le monde des mots. Aussi nous retrouvons-nous tout décontenancés et égarés quand ceux-ci ne correspondent plus. Plus nous nous efforçons de vivre dans le monde des mots, plus nous nous sentons seuls et isolés, plus nous nous écartons de la joie et de la vie des choses dans le désir d'atteindre la certitude et la sécurité. D'autre part, plus nous sommes forcés d'admettre que c'est bien dans le monde réel que nous vivons, plus nous nous sentons ignorants, incertains et peu sûrs de quoi que ce soit.

Mais nous ne pourrons formuler aucun jugement sain tant que nous ne reconnaîtrons pas la différence entre ces deux mondes. Toute la portée et les buts de la science demeurent lamentablement méconnus si nous confondons l'univers qu'elle décrit avec l'univers dans lequel vit l'homme. La science est un discours symbolique sur l'univers réel, et ces symboles proposés doivent être utilisés à peu près comme nous utilisons l'argent. Cela nous aide à gagner du temps pour conclure certains arrangements pratiques. Mais si nous confondons l'argent avec la richesse, la réalité avec la science, le symbole devient alors un fardeau.

De même, l'univers décrit par une religion dogmatique et formelle n'est rien d'autre qu'un symbole du monde réel, et tout autant une construction à base de distinctions conventionnelles et verbales. Séparer « cette personne » du reste de l'univers c'est faire une séparation conventionnelle. Vouloir que « cette personne » soit éternelle c'est vouloir que les mots soient la réalité, et insister pour que cette convention dure à tout jamais. Nous désirons passionnément la perpétuité d'une chose qui n'a jamais existé. La science a « détruit » le symbole religieux du monde parce que, quand on confond les symboles avec la réalité, les différentes symbolisations de la réalité peuvent apparaître contradictoires.

La symbolisation scientifique du monde est plus utile que la symbolisation religieuse mais ce n'est pas pour autant qu'elle est plus « vraie ». Qu'est-ce qui est plus vrai : classifier des lapins suivant leur chair ou bien suivant leur pelage ? Cela dépend de ce que vous voulez en faire. Le conflit qui a éclaté entre la science et la religion n'a pas démontré que la religion était fausse et que la science était vraie. Il a révélé que tous les systèmes de définition visent des buts divers, et qu'aucun d'entre eux ne colle vraiment à la réalité. Et comme l'on recourait de plus en plus mal à propos à la religion afin d'étreindre et de percer le mystère de la vie, cette sorte de « déboulonnage » s'est avérée grandement nécessaire.

Mais en voulant symboliser l'univers de telle ou telle façon et dans tel ou tel but nous avons perdu la joie et le sens de la vie elle-même. Toutes les différentes définitions de l'univers sont nées de motivations secrètes, et concernant bien plus l'avenir que le présent. La religion veut assurer le futur au-delà de la mort, alors que la science veut assurer le futur jusqu'à la mort, et cherche à retarder celle-ci le plus possible. Mais la journée de demain et tous les projets que l'on peut faire pour demain n'ont aucun sens si l'on n'entre pas de plain-pied dans la réalité du présent, car c'est dans le présent et *seulement* dans le présent que nous vivons. Il n'y a pas d'autre réalité que la réalité présente, aussi, même si l'on devait vivre jusqu'à la fin des temps, ne vivre qu'en fonction de l'avenir se résumerait en un échec éternel.

Mais c'est précisément cette réalité du présent, ce *maintenant* fuyant et vital, qui échappe à toute définition et description. Voilà le monde réel et mystérieux que les mots et les idées ne pourront jamais saisir. Si nous vivons constamment pour l'avenir, nous serons toujours en dehors de ce centre et de cette source de vie, et toute la magie contenue dans le fait de nommer et de penser s'évanouira temporairement.

Les miracles de la technologie nous font vivre dans un monde fébrile et réglé comme une horloge, un monde qui agresse notre biologie humaine, et qui ne nous permet que de poursuivre l'avenir de plus en plus vite. Toute réflexion consciente est incapable de maîtriser le réveil de la bête dans l'homme — une bête encore plus « bestiale » que tout animal sauvage, exaspérée et aveuglée de folie à force de poursuivre des illusions. La spécialisation du langage, l'esprit de classification, et la pensée mécanique ont coupé l'homme d'un grand nombre des merveilleux pouvoirs de l' « instinct » qui gouvernent son corps. C'est pour cette raison, en outre, que l'homme se sent tellement séparé de l'univers et de son propre « moi ». Aussi quand toute philosophie s'est dissoute en relativisme, et qu'elle ne peut plus proposer de signification stable pour l'univers, l' « ego » isolé se sent misérablement incertain et paniqué, et découvre alors que le monde réel est en totale contradiction avec tout son être.

Certes, il n'y a rien de nouveau dans cette découverte, à savoir que les idées et les mots ne peuvent sonder le mystère fondamental de la vie, et que la Réalité ou, si l'on préfère, Dieu, ne peuvent être appréhendés par un esprit limité. La seule nouveauté est qu'aujourd'hui cela est largement reconnu et non plus seulement par quelques individus isolés. Presque toutes les traditions spirituelles reconnaissent qu'il existe un certain point où deux choses doivent se produire : l'homme doit renoncer à son « ego » ressenti en tant qu'être séparé, et faire face au fait qu'il ne pourra jamais connaître, c'est-à-dire définir, le mystère fondamental.

Ces traditions reconnaissent également qu'au-delà de ce point s'ouvre une « vision de Dieu » qui ne peut être exprimée par des mots, et qui est certainement tout à fait différente de la vision d'un homme rayonnant et siégeant sur un trône doré ou d'un éclair au sens propre de lumière aveuglante. Il est dit également que cette vision est une réintégration de quelque chose que nous avons possédé autrefois, puis « perdu » parce que nous n'avons pas su ou pas pu l'apprécier à sa juste valeur. Cette vision est donc la conscience claire de « ce quelque chose » indéfinissable que nous appelons la vie, la réalité présente, le grand flux, l'instant présent éternel — conscience dépourvue de tout sentiment de séparation.

A peine l'ai-je nommé, ce n'est plus Dieu ; c'est l'homme, l'arbre, le vert, le noir, le rouge, le doux, le dur, le long, le court, l'atome, l'univers. On approuverait volontiers tout théologien niant le panthéisme et affirmant que tous ces êtres du monde du verbalisme et des conventions, ces « choses » diverses conçues en tant qu'entités distinctes et fixes, ne sont pas Dieu. Si vous me demandiez de vous montrer Dieu, je pourrais vous montrer le soleil, ou un arbre, ou encore un ver de terre. Mais si vous me répondiez : « Vous voulez donc dire que Dieu est le soleil, l'arbre, le ver de terre, et toutes les autres choses ? » je me verrais forcé de vous répondre que vous n'avez rien compris du tout.

4

La sagesse du corps

Qu'est-ce que l'expérience ? Qu'est-ce que la vie ? Qu'est-ce que le mouvement ? Qu'est-ce que la réalité ? Il faut répondre à toutes ces questions comme saint Augustin répondait à : « Qu'est-ce que le temps ? — Je le sais, mais quand vous me le demandez, je ne sais plus. » L'expérience, la vie, le mouvement, et la réalité sont autant de sons que l'on utilise afin de symboliser une somme de sensations, de pensées, de sentiments et de désirs. Et si vous demandez : « Que sont les sensations, etc. ? » je ne peux que vous répondre : « Ne faites pas l'idiot. Vous savez très bien ce qu'elles sont. Nous ne pouvons continuer indéfiniment à définir les choses sans tomber dans un cercle vicieux. Car définir signifie fixer et, en dernière analyse, la vraie vie n'est pas fixe. »

Nous avons suggéré à la fin du chapitre précédent que ce point extrême que l'on ne peut ni définir ni fixer pourrait être désigné par le terme de *Dieu*. Si cela était vrai, nous connaîtrions Dieu tout le temps — mais dès que nous commencerions à y penser nous ne le connaîtrions plus. En effet, dès que nous voulons concevoir la nature de l'expérience, nous essayons de la fixer suivant des formes et des idées rigides. Et nous retombons encore une fois dans la contradiction de toujours : vouloir empaqueter de l'eau, ou essayer d'enfermer le vent dans une boîte.

Et, cependant, l'on nous a toujours appris, en religion, que « Dieu » était celui dont on pouvait attendre des conseils de sagesse. Nous avons été élevés dans cette idée que la sagesse — c'est-à-dire le savoir, les conseils et l'information — pouvait nous être transmise par des mots indiquant certaines directions spécifiques à suivre. Mais s'il en était ainsi, comment donc pourrions-nous retirer une certaine sagesse d'un être qu'il nous est impossible de définir ?

Or, en fait, ce genre de sagesse qui peut nous indiquer certaines directions à suivre bien spécifiques compte pour très peu, et l'essentiel de la sagesse dont nous faisons preuve dans notre vie quotidienne ne nous est jamais transmise verbalement. Ce n'est pas en suivant des conseils que nous avons appris à respirer, à avaler, à voir, ou que notre sang circule, que nous digérons la nourriture, ou encore que nous résistons à des maladies. Ces opérations, au contraire, s'accomplissent suivant de merveilleux et complexes mécanismes qu'aucune somme de savoir acquis dans les livres et qu'aucune prouesse technique ne sauraient reproduire. Il s'agit là de la vraie sagesse — mais nos cerveaux n'y ont presque rien à voir. C'est de ce genre de sagesse que nous avons besoin pour résoudre les problèmes réels et pratiques de notre existence. Nous avons déjà obtenu des résultats merveilleux et il n'y a pas de raison pour que nous nous arrêtions là.

Sans l'aide d'aucun appareil technique et sans aucun calcul ni prévision, les pigeons voyageurs sont capables de revenir à leur perchoir même s'ils en sont très éloignés, les oiseaux migrateurs retrouvent leurs nids d'une année sur l'autre, et les plantes « inventent » des procédés prodigieux pour distribuer leurs graines au vent. Ces êtres n'agissent évidemment pas ainsi « à dessein », c'est-à-dire qu'ils ne prévoient ni ne réalisent rien en conséquence. S'ils pouvaient parler ils ne pourraient pas plus expliquer comment ils obtiennent ces résultats que la plupart des gens ne peuvent expliquer pourquoi leur cœur bat.

Les « instruments » qui sont à l'origine de ces exploits sont évidemment des organes et des processus du corps — c'est-à-dire d'une forme mystérieuse du mouvement que nous ne comprenons pas vraiment et que nous ne pouvons pas réellement définir. De façon générale cependant, les êtres humains ont cessé de développer les instruments du corps. De plus en plus nous essayons de mieux nous adapter à la vie grâce à des gadgets externes, et nous tentons de résoudre nos problèmes par la pensées consciente plutôt qu'en nous en remettant au « savoir-faire » inconscient. Cela est beaucoup moins à notre avantage que nous aimerions le croire.

Il y a, par exemple, des femmes « primitives » qui peuvent accoucher toutes seules alors qu'elles sont en train de travailler dans les champs et qui, après les premiers soins nécessaires pour s'assurer que le bébé est en bonne santé, bien au chaud et bien à l'aise, retournent à leur tâche à peine interrompue. Mais les femmes civilisées doivent être transportées dans des hôpitaux spécialisés où, entourées de docteurs, d'infirmières et d'innombrables gadgets, elles parviennent finalement à expulser la pauvre petite chose au monde avec maintes contorsions et douleurs atroces. Il est vrai que ces conditions modernes d'asepsie ont fortement réduit la mortalité maternelle et infantile, mais pourquoi ne pourrions-nous pas concilier ces conditions d'asepsie *et* un accouchement naturel et aisé ?

La réponse à cette question, comme aux nombreuses autres questions semblables, est que l'on nous a appris à négliger, mépriser et violer nos corps, et à ne faire confiance qu'à notre intellect. En vérité, la maladie propre à l'homme moderne civilisé pourrait être diagnostiquée comme une coupure entre son cerveau (et plus particulièrement son cortex) et le reste de son corps. Cette coupure correspond à la séparation entre le « moi » et l' « ego », entre l'homme et la nature, ainsi qu'à la confusion d'Ouroboros, le serpent tout emmêlé, qui ne se rend pas compte que sa queue est reliée à sa tête. Heureusement il s'est trouvé ces dernières années au moins deux savants pour attirer l'attention du public sur cette coupure, j'ai nommé Lancelot Law Whyte et Trigant Burrow [1].

Whyte et Burrow ont dressé tous deux une description clinique, un diagnostic de cette coupure, mais il n'est pas nécessaire d'entrer ici dans le détail de leurs analyses. Ils énoncent simplement en un langage « médical » que nous avons laissé

1. Parmi les ouvrages de L.L. Whyte, *Le Développement futur de l'homme* (Henry Holt, New York, 1943) est tout à fait lisible et extrêmement intéressant, alors que *Le Principe unitaire en physique et en biologie* (Henry Holt, New York, 1949) n'est accessible qu'aux seuls scientifiques. Les ouvrages de Burrow, *Les Fondements sociaux de la conscience* (Londres, 1927) et *Structure de l'aliénation* (Londres, 1932) sont malheureusement épuisés, mais on peut lire la plupart de ses analyses dans son livre *La Névrose chez l'homme* (Routledge, Londres, 1948). Il existe probablement d'autres savants travaillant dans la même voie, mais je ne les connais pas.

notre intellect se développer et dominer notre vie au-delà de la simple « sagesse instinctive » et que celle-ci s'est au contraire de plus en plus atrophiée. Aussi sommes-nous en guerre contre nous-mêmes — notre cerveau désirant des choses que notre corps refuse, et notre corps désirant des choses que notre cerveau ne veut pas lui permettre ; le cerveau donne des directives que notre corps se refuse à suivre, et notre corps est plein d'impulsions que notre cerveau ne peut pas comprendre.

D'une façon ou d'une autre l'homme civilisé s'accorde avec saint François pour qualifier son corps de Frère Ane. Mais les théologiens eux-mêmes ont reconnu que la source de tous les maux et de l'abrutissement actuels ne se trouvait pas dans l'organisme physique, mais bien dans cet intellect dissocié et séparé qu'ils appellent le « vouloir ».

Si nous comparons les désirs des hommes avec ceux des animaux nous découvrirons de nombreuses et extraordinaires différences. L'animal mange généralement avec son estomac, alors que l'homme a plutôt tendance à manger avec son cerveau. Quand un animal se sent l'estomac plein, il s'arrête de manger, mais un homme ne sait jamais très bien quand s'arrêter. Quand il a mangé autant de nourriture que son ventre peut en contenir, il se sent néanmoins toujours un peu vide, avec un creux, et il éprouve le besoin de reprendre un morceau. Et cela parce qu'il est angoissé, parce qu'il craint que la nourriture ne vienne un jour à manquer. Mangeons donc autant que nous pouvons tant qu'il est encore temps. Et si nous adoptons souvent cette attitude c'est aussi parce que, dans ce monde tellement instable, le plaisir est toujours incertain. Aussi faut-il satisfaire immédiatement et au maximum, le plaisir de manger, quitte à attraper une indigestion.

Les désirs humains tendent à être insatiables. Nous sommes tellement anxieux de profiter de notre plaisir que nous n'en avons jamais assez. Nous stimulons nos sens jusqu'à ce qu'ils deviennent insensibles, aussi, pour que le plaisir puisse durer, devons-nous recourir à des stimulants de plus en plus forts. Par réaction d'autodéfense, à force d'être soumis à cette tension, le corps tombe malade, mais le cerveau continue sur sa lancée comme si de rien n'était. Le cerveau est à la poursuite du bonheur, mais comme il est beaucoup plus attiré par l'avenir que par le présent, il ne sait concevoir le bonheur que comme un état futur de plaisirs permanents et éternels. Et le cerveau sait également qu'il ne dispose pas d'un avenir illimité, aussi, pour être heureux, doit-il épuiser tous les plaisirs du Paradis et de l'éternité dans l'espace de quelques années.

Voilà pourquoi notre civilisation moderne décrit dans presque tous ses aspects un cercle vicieux. Elle demeure perpétuellement insatisfaite parce que le genre de vie qu'elle sécrète la condamne éternellement à la frustration. Ainsi que nous l'avons déjà remarqué, si nous souffrons de cette frustration c'est parce que nous vivons pour l'avenir, alors que cet avenir n'est qu'une abstraction, une déduction empirique et rationnelle qui n'existe que dans notre cerveau. La « conscience primaire », l'esprit fondamental qui connaît la réalité mieux que les idées concernant celle-ci, ne sait rien du futur. Elle vit entièrement dans le présent, et elle ne perçoit rien d'autre que ce qui *est* dans l'instant présent. L'intellect, au contraire, considère cette partie de l'expérience présente que l'on appelle la mémoire, et en l'analysant il peut en tirer des prédictions. Ces prédictions sont, dans l'ensemble, tellement précises et sûres (comme par exemple la prédiction : « Tout le monde mourra ») que le futur acquiert un degré très élevé de réalité — si élevé du reste que le présent finit par perdre toute valeur.

Mais le futur n'est pas encore ici, et il ne peut faire partie de la réalité expérimentée tant qu'il n'est pas devenu présent. Comme notre connaissance du futur n'est qu'un ensemble d'éléments purement abstraits et logiques — à base de déductions, d'inférences et de conjectures — nous ne pouvons en aucun cas le manger, le sentir, le respirer, le voir, l'entendre et encore moins en jouir. Le poursuivre revient à poursuivre un fantôme qui battrait constamment en retraite et plus vite on le pourchasserait, plus vite il fuirait. Voilà pourquoi nous vivons à ce rythme si fébrile, et voilà pourquoi presque personne ne jouit de ce qu'il possède, mais recherche au contraire toujours quelque chose de plus. Le bonheur, alors, ne consiste plus en des réalités substantielles et solides, mais en ces abstractions aussi superficielles que sont les promesses, les espoirs et les assurances.

Aussi l'économie « intellectuelle » que nous nous sommes imposée pour produire ce bonheur décrit-elle un fantastique cercle vicieux qui doit, soit fournir de plus en plus de plaisirs, soit s'effondrer — et c'est pourquoi nos oreilles, nos yeux, et nos terminaisons nerveuses sont constamment titillés par un flux incessant de stimuli sonores et visuels auxquels nous ne pouvons guère échapper. Le « cobaye » parfait de ce genre d'économie est l'individu qui est constamment collé à la radio, qui utilise même de préférence un transistor qu'il peut emporter et écouter partout et n'importe quand. Ses yeux passent sans s'arrêter de l'écran de télévision au journal, au magazine, et il se complaît ainsi dans une sorte d'orgasme sans fin tout en voyant défiler une suite de rapides et excitantes images d'automobiles aux chromes brillants, de corps de femmes nus et éclatants, et d'autres surfaces sensuelles encore, suite entrecoupée d'autres images aussi rudement régénératrices de la sensibilité — des images de traitement de choc — telles que des photos « humainement intéressantes » de criminels, de corps mutilés, d'avions écrasés, de combats de boxe, et d'édifices en flammes. Les commentaires parlés ou écrits qui accompagnent ces images sont également conçus afin d'exciter sans satisfaire vraiment, de remplacer tout assouvissement partiel par un nouveau désir.

Cet afflux de stimulants veut, en effet, éveiller en nous le besoin de plus en plus irrésistible de tous ces objets et à chaque fois de façon plus impérieuse et plus urgente : aussi en arrivons-nous à ne nous intéresser à notre travail que dans la mesure où il paie bien — afin de pouvoir nous acheter des radios plus sophistiquées, des voitures encore plus luisantes, des magazines au papier encore plus glacé, et de meilleurs écrans de télévision, voilà comment nous nous persuadons progressivement que le bonheur est là, à portée de main, pourvu que nous puissions nous payer encore un de ces gadgets en plus.

Malgré notre surtension nerveuse et l'assourdissant vacarme général, nous sommes convaincus que le sommeil n'est qu'une perte de temps précieux, aussi continuons-nous de poursuivre ces illusions tard dans la nuit. Les animaux passent le plus clair de leur temps à sommeiller et à paresser agréablement, mais, sous prétexte que la vie est courte, les êtres humains se sentent contraints d'amasser pêle-mêle le plus de conscience, de vivacité, et d'insomnie chronique possible afin d'être bien sûrs de ne pas rater la moindre sensation de plaisir.

Ce n'est pas que les gens qui se plient à ce rythme soient immoraux. Ce n'est pas que les gens qui fournissent ces plaisirs soient de misérables exploiteurs ; la plupart d'entre eux partagent au contraire la même mentalité que ceux qu'ils exploitent, ils montent seulement un cheval plus cher dans ce triste manège. Le vrai problème est qu'ils sont tous tout autant frustrés, car s'efforcer de satisfaire le cerveau c'est comme essayer de boire par les oreilles. Aussi deviennent-ils de plus en plus incapables de jouir d'un plaisir réel, et finissent-ils par devenir insensibles aux joies les plus subtiles et les plus vives de la vie qui sont en fait extrêmement simples et communes.

Le caractère vague, nébuleux et insatiable du désir intellectuel constitue un obstacle particulièrement difficile à sa réalisation matérielle. Soit dit en peu de mots, l'homme civilisé ne sait pas ce qu'il veut. Il travaille pour la réussite, la gloire, un beau mariage, pour s'amuser, pour aider les autres, ou pour devenir une « personne réelle ». Mais il ne s'agit pas là de désirs réels car ce ne sont pas des choses réelles. Ce ne sont que les sous-produits, les émanations des choses réelles — de simples ombres qui n'ont pas d'existence outre leur substance. L'argent est le symbole parfait de tous ces désirs, car il n'est qu'un simple symbole de la richesse réelle : en faire le but unique est l'exemple le plus frappant de la confusion que nous introduisons entre les mesures de la réalité et la réalité elle-même.

Il est donc fort peu exact de dire que la civilisation moderne est une civilisation matérialiste, car un matérialiste est quelqu'un qui aime la matière. Or, l'intellect moderne n'aime pas la matière mais les mesures, pas les solides mais les surfaces. Il boit en fonction du pourcentage d'alcool (l' « esprit ») et non pas pour savourer (le « corps ») et le goût de la liqueur. Il construit des immeubles avec une façade impressionnante plutôt qu'avec des appartements spacieux à vivre. Aussi toutes les constructions modernes ont-elles l'air, vues de l'extérieur, de demeures seigneuriales mais ne sont en fait à l'intérieur que des lapinières. Et chaque appartement dans ces lapinières est lui-même conçu plus pour impressionner les visiteurs que pour permettre à ses occupants d'y vivre à leur aise. La plus grande partie de l'espace disponible est réservée au « living-room » dont les dimensions ne dépareraient pas dans un grande maison, alors que des espaces aussi essentiels à la vie (et non pas tant au simple « divertissement ») que la cuisine sont condamnés aux dimensions de réduits minuscules où l'on peut à peine bouger — et encore moins cuisiner. Aussi ne prépare-t-on principalement dans ces petites cuisines de rien du tout que des mets à l'état gazeux — des cocktails et des apéritifs — et non pas de bons et honnêtes repas. Nous achetons de même des produits plus pour l' « effet » et l'apparence que pour assouvir notre faim — d'énormes fruits sans goût, du pain qui n'est guère plus que de la mousse légère, du vin trafiqué avec des produits chimiques, et des légumes traités avec d'horribles mixtures synthétiques afin de rendre leur pulpe apparemment plus riche et charnue.

On pourrait croire que l'exemple le plus criant de la bestialité et de la grossièreté de l'homme civilisé est sa passion pour le sexe, mais en fait il n'y a rien là de particulièrement bestial ou grossier. Les animaux ont des rapports sexuels quand ils en éprouvent le besoin, et le plus souvent ils ne s'accouplent qu'aux échéances d'un cycle rythmé avec précision. Dans l'intervalle, ils ne sont absolument pas attirés par le sexe. Mais de tous les plaisirs c'est le plaisir sexuel que l'homme civilisé recherche avec le plus de fébrilité angoissée. Que ce besoin irrésistible soit plus intellectuel que corporel cela ressort de l'impuissance qui s'empare le plus souvent du mâle quand il est mis en demeure de passer aux actes, son cerveau poursuivant ce que ses gènes ne désirent pas au même instant. Il se retrouve alors totalement désemparé, parce qu'il ne comprend pas qu'il y ait quelque chose en lui qui ne veuille *pas* profiter de l'occasion sexuelle enfin présente. Il l'a recherchée sans trêve pendant des heures et des journées entières et, maintenant qu'il est près du but et que la réalité apparaît, son corps refuse de coopérer.

De même que lorsqu'il s'agit de manger « ses yeux sont plus gros que son ventre », de même en amour l'homme juge les femmes suivant des normes qui sont beaucoup plus visuelles et cérébrales que sexuelles et viscérales. Ce qui l'attire chez sa partenaire c'est le vernis de surface, la fine pellicule sur la peau plus que le corps réel. Il veut quelque chose qui soit d'une structure osseuse semblable à celle d'un jeune garçon, structure qui représente le support idéal des courbes externes et des douces ondulations de la féminité — non pas une femme en fait mais une poupée gonflable de rêve. L'acte sexuel lui-même dépend cependant tellement de la « sagesse instinctive » que l'on ne peut guère faire grand-chose pour en augmenter le plaisir déjà très intense, qu'on fasse l'amour plus vite, avec plus d'imagination, ou plus fréquemment. Le seul raffinement que l'on peut y apporter est de se livrer à toutes sortes de caprices cérébraux, de coquetteries et de suggestions en vue de plaisirs non spécifiés — comme si l'on pouvait atteindre à une étreinte plus extatique par de simples changements superficiels.

Un exemple tout à fait significatif du conflit entre le cerveau et le corps, ou entre les mesures et la matière, est l'esclavage qui lie l'habitant d'une ville à sa montre. Une montre est un instrument utile pour convenir d'un rendez-vous avec un ami, ou pour permettre à certaines personnes de synchroniser leurs activités, bien que tout cela fût possible avant même que l'on n'invente les montres. Il ne faut pas pour autant détruire les montres ; nous devrions tout simplement les cantonner dans leur rôle. Or, nous les surestimons en fait beaucoup trop quand nous essayons d'adapter notre rythme biologique, c'est-à-dire nos différentes actions : manger, dormir, évacuer, travailler, se détendre, à la rotation circulaire et uniforme de leurs aiguilles. Notre soumission à ces maîtres mécaniques a atteint un tel degré et l'ensemble de notre civilisation en souffre tellement que tout espoir de réforme est désormais perdu ; sans montres notre civilisation entière s'effondrerait. Une civilisation moins intellectuelle devrait veiller à synchroniser ses rythmes corporels plutôt que ses montres.

La faculté de prévision du cerveau n'est pas sans rapport avec la crainte de la mort. Nous connaissons tous beaucoup de gens qui acquiesceraient volontiers aux vers de Stevenson :

Sous le vaste ciel étoilé
Creusez-moi une tombe et laissez-moi m'y étendre
J'ai vécu heureux et je meurs heureux,
Et je m'étends avec bon vouloir.

En effet, quand le corps est épuisé et le cerveau fatigué, c'est tout l'organisme qui aspire à mourir. Mais il est difficile de comprendre comment l'on peut souhaiter de mourir quand on est fort et jeune, aussi a-t-on tendance à considérer la mort comme un grave et terrible événement. Car le cerveau, à sa façon immatérielle, regarde vers l'avenir et il conçoit comme seul bien de pouvoir continuer ainsi pour toujours — sans prendre conscience que la matière elle-même trouverait à la longue ce processus intolérable et fastidieux. En ne tenant pas compte de cette réalité, le cerveau ne réussit pas à comprendre qu'étant lui-même un objet matériel sujet au changement, ses désirs peuvent donc changer, et que l'heure viendra où la mort elle-même sera accueillie comme un bien. Par une matinée ensoleillée, après une bonne nuit de repos, on n'éprouve aucune envie d'aller dormir. Mais après une dure journée de labeur il est extraordinairement agréable d'éprouver la sensation de sombrer dans l'inconscient.

Malheureusement, nous ne sommes pas très nombreux à mourir paisiblement. Nous mourons à la suite d'accidents ou de maladies douloureuses, et il est tragique certes de voir une personne dont l' « esprit » est encore jeune et alerte, lutter vainement contre un corps à l'agonie. Je n'en suis pas moins persuadé cependant que le corps ne meurt que parce qu'il le veut. Il découvre qu'il est au-delà de ses forces de résister à la maladie ou de cicatriser ses blessures, alors, fatigué de lutter, il se tourne vers la mort. Si la conscience était plus sensible aux sensations et aux impulsions de l'ensemble de l'organisme, elle partagerait ce même désir ; or, effectivement, c'est ce qui arrive parfois. Nous expérimentons cela de très près lorsque, gravement malades, nous nous sommes préparés à mourir, même si nous réussissons en définitive à survivre, soit que le traitement médical parvienne à renforcer notre corps, soit encore parce qu'il reste dans notre organisme des énergies inconscientes qui nous permettent de guérir.

Accoutumée comme elle l'est à penser qu'il y a dans l'homme un dualisme entre l'esprit et le corps, et considérant que celui-là est « sensible » et celui-ci un animal « muet », notre culture constitue un véritable affront à la sagesse de la nature et une exploitation catastrophique de l'organisme humain. Nous sommes perpétuellement frustrés parce que la pensée abstraite et verbale du cerveau nous communique cette impression fausse que nous sommes capables de nous libérer de toutes limitations. Mais c'est oublier que toute infinité n'est pas une réalité mais un concept abstrait, et nous finissons par nous convaincre que cette illusion est réellement le but de notre vie.

Le symbole éclatant de cette façon de penser est cet objet presque entièrement rationnel et inorganique qu'est une machine, et qui nous donne l'impression de pouvoir approcher l'infini.

En effet, la machine peut supporter des efforts bien au-delà des capacités du corps, et suivant des rythmes d'une monotonie à laquelle aucun être humain n'est capable de résister. Alors que la machine est très utile en tant qu'outil à notre service, nous n'en adorons pas moins sa rationalité, son efficacité, et sa capacité à abolir les limites du temps et de l'espace ; aussi lui permettons-nous même de régler nos vies. C'est pourquoi les habitants d'une cité moderne sont semblables à des gens qui vivraient à l'intérieur d'une machine, constamment dispersés par le mouvement des pales. Ils passent leurs journées à se livrer à des activités qui se résument essentiellement à compter et à mesurer, et ils vivent dans un monde d'abstraction rationnelle qui n'a que très peu de rapport ou n'est que très peu en harmonie avec les grands rythmes et processus biologiques.

Il est vrai que les activités intellectuelles de cet ordre peuvent aujourd'hui être remplies par des machines avec beaucoup plus d'efficacité que par des hommes — à tel point que dans un proche avenir le cerveau humain paraîtra un mécanisme dépassé pour tout ce qui est de résoudre des problèmes de calcul logique. Aujourd'hui déjà l'ordinateur humain est largement remplacé par des ordinateurs mécaniques et électriques qui réalisent les mêmes opérations à une bien plus grande vitesse et avec bien plus d'efficacité. Si, donc, l'atout principal et la valeur de l'homme résident en sa seule habileté à calculer, il deviendra bien vite une sorte d'instrument invendable quand les opérations mécaniques de raisonnement seront réalisées bien plus efficacement par des machines [1].

Déjà l'homme recourt à d'innombrables gadgets pour remplacer les fonctions remplies par

1. J'emprunte ces conclusions au remarquable ouvrage de Norbert Wiener *Cybernétique* (New York et Paris, 1948). Le Dr Wiener est l'un des mathématiciens et premiers responsables de la construction des ordinateurs électriques les plus élaborés. Disposant également de profondes connaissances dans le domaine de la neurologie, il est parfaitement qualifié pour juger dans quelle mesure ces inventions peuvent reproduire le travail de l'organisme humain. Son livre contient, en outre, cette observation pertinente : « Il est intéressant de remarquer que nous pourrions nous retrouver devant un de ces cas de limitation naturelle, où des organes hautement spécialisés atteignent un point où leur efficacité décline, ce qui peut entraîner l'extinction de l'espèce. Le cerveau humain est peut-être parvenu aussi loin sur la voie de sa spécialisation destructrice que les grandes cornes nasales des derniers titanothères » (p. 180).

les organes corporels chez les animaux et il est tout à fait possible, si cette tendance s'affirme, que l'on parvienne à extérioriser les fonctions raisonnantes du cerveau — ce qui nous mènera à confier la direction de notre vie à des monstres électromagnétiques. En d'autres termes, les intérêts et les buts de la rationalité ne sont pas ceux de l'homme considéré dans la totalité de son organisme. Si les hommes continuent de vivre en fonction de l'avenir, et de consacrer exclusivement leur esprit aux prédictions et aux calculs, ils doivent envisager de devenir les simples appendices inutiles d'un immense rouage mécanique.

Il existe certes un point de vue qui nous permet de penser que cette « rationalisation » de la vie n'est pas rationnelle. Le cerveau est suffisamment intelligent pour se rendre compte qu'il s'est enfermé dans un cercle vicieux. Mais il ne peut plus rien faire pour s'en sortir. Le fait de comprendre qu'il n'est pas raisonnable de s'inquiéter n'empêche pas que malgré tout l'on s'inquiète ; bien au contraire, l'on s'inquiète encore plus d'être peu raisonnable. Il n'est pas raisonnable de se lancer dans une guerre moderne, où tout le monde peut perdre. Personne ne veut la guerre réellement, et cependant, comme nous vivons dans un cercle vicieux, nous déclarons la guerre de peur que l'ennemi n'ouvre les hostilités le premier. Nous nous armons parce que nous savons que sinon c'est l'autre partie qui s'armera — ce qui est parfaitement exact, car, si nous ne nous armons pas, l'autre partie le fera afin de prendre l'avantage sans même avoir à livrer de combats.

En adoptant ce point de vue rationnel nous nous retrouvons face au dilemme de saint Paul — « Vouloir est un état présent en moi ; mais je ne sais comment accomplir ce qui est bien. Car je n'accomplis pas tout le bien que je voudrais. » Mais ce n'est pas, comme le pensait saint Paul, parce que le vouloir ou l' « esprit » est raisonnable et que la chair est perverse. Mais bien parce que « une maison désunie ne peut durer ». Tout l'organisme est perverti parce que le cerveau est séparé du ventre et que la tête n'est pas consciente de son union avec la queue.

Il y a peu d'espoir pour que dans un proche avenir notre société retrouve un juste équilibre. Il semble au contraire que ce cercle vicieux doive devenir encore plus intolérable, plus exaspérant et plus désespérément circulaire avant qu'un grand nombre d'êtres humains se rendent compte de la farce tragique qu'ils sont en train de jouer. Mais pour tous ceux qui réalisent clairement qu'il s'agit d'un cercle vicieux et qui comprennent le pourquoi de ce cercle, il ne reste pas d'autre choix que de s'arrêter de tourner dans cette ronde infernale. Car dès que l'on voit le cercle dans sa totalité, cette illusion que la tête est séparée de la queue disparaît.

Et dès que l'expérience cesse d'osciller et de se contorsionner, elle redevient aussitôt sensible à la sagesse du corps, aux profondeurs cachées de sa propre substance.

Quand je parle de la sagesse du *corps* et de la nécessité de nous reconnaître nous-mêmes en tant qu'êtres matériels, il ne faut pas croire que je prône une philosophie « matérialiste », au sens généralement reconnu de ce terme. Je n'affirme pas que l'ultime réalité *est* la matière. *Matière* est un mot, un son, qui renvoie aux formes et aux modèles empruntés par un processus. Nous ne savons pas *ce qu'*est ce processus, parce que ce n'est pas « quelque chose » — c'est-à-dire un objet pouvant être défini par quelque concept ou mesure fixe. Si nous utilisions la vieille terminologie et que nous recourions encore à des termes tels que « spirituel » et « matériel », le « spirituel » signifierait dans ce cas l' « indéfinissable », ce qui, parce que en vie justement, échappe sans cesse au filet de toute forme fixe. La matière est l'esprit nommé.

Après tout, le cerveau mérite bien un mot pour lui tout seul ! Car le cerveau, y compris ses centres de raisonnement et de calcul, est une partie et un produit du corps. Il est aussi naturel que le cœur et l'estomac et, pourvu qu'il soit utilisé correctement, il est tout sauf un ennemi de l'homme. Mais pour être utilisé correctement il doit être maintenu dans son rôle, car c'est le cerveau qui est fait pour l'homme et non pas l'homme pour le cerveau. En d'autres termes, la fonction du cerveau est d'aider l'homme à affronter le présent et le réel, et non pas de le lancer aveuglément à la poursuite d'un avenir fantôme.

En outre, dans notre état habituel de tension mentale, notre cerveau ne fonctionne pas régulièrement, et c'est une des raisons pour lesquelles ses abstractions semblent tellement réelles. Quand notre cœur est déréglé, nous sentons parfaitement son battement désordonné ; nous sommes tout troublés de l'entendre cogner à l'intérieur de notre poitrine. Il est fort probable que les préoccupations qui nous habitent quand nous pensons et formons des projets, tout comme notre sensation de fatigue mentale, sont les signes d'un trouble semblable du cerveau. Le cerveau devrait, et c'est ce qui arrive parfois, calculer et raisonner avec cette même facilité inconsciente dont disposent les autres organes du corps. Après tout, le cerveau n'est pas un muscle, et il n'est pas conçu pour supporter des efforts et des fatigues.

Mais quand les gens essaient de penser ou de se concentrer, on dirait qu'ils s'efforcent de bander leurs cerveaux. Ils contractent leur visage, ils froncent leurs sourcils, et soulèvent des problèmes intellectuels comme s'il s'agissait de briques extrêmement lourdes. Et pourtant nous n'avons pas besoin de faire des efforts particuliers pour digérer, et encore moins pour voir, entendre, ou recevoir d'autres impressions neurales. Le « calculateur éclair » qui peut additionner d'un seul coup une longue colonne de chiffres, le génie qui peut comprendre une page entière en quelques secondes, et le prodige musical, tel Mozart, qui semble avoir percé le secret de l'harmonie et du contrepoint dès l'enfance, témoignent chacun à sa façon de ce qu'est la juste utilisation du plus merveilleux instrument dont dispose l'homme.

Ceux d'entre nous qui ne sont pas des génies peuvent cependant faire l'expérience de ce don. Prenez, par exemple, l'anagramme ALCOFRIBASNASIER. On peut réfléchir sur ces lettres pendant des heures, essayer combinaisons sur combinaisons afin de découvrir de quel mot il s'agit. Essayez, au contraire, de regarder l'anagramme avec un esprit détendu, et vous verrez qu'en très peu de temps votre cerveau trouvera la réponse sans le moindre effort [1]. Nous nous méfions à juste titre des réponses « éclairs » fournies par des esprits fatigués et inquiets, mais c'est effec-

1. Si vous n'êtes pas arrivé à la solution au bout d'une minute arrêtez-vous ! Sinon vous allez vous énerver soit contre vous-même soit contre moi, et la tension consécutive interférera avec le processus de relaxation.

tivement une solution rapide, sans effort, et presque inconsciente que le cerveau est censé donner à tout problème logique.

Quand il fonctionne comme il doit fonctionner, le cerveau est la forme la plus élevée de « sagesse instinctive ». Aussi devrait-il fonctionner comme l'instinct de retour des pigeons voyageurs ou comme le fœtus se forme dans la matrice — c'est-à-dire sans verbaliser le processus ou sans chercher à savoir « comment » cela se passe. Le cerveau conscient de soi, comme le cœur conscient de soi, nous plonge dans un trouble qui se manifeste dans la sensation aiguë de séparation que nous ressentons parfois entre notre « moi » et notre expérience. Le cerveau ne peut remplir correctement ses fonctions que si la conscience suit la voie qui est la sienne : elle ne doit pas se contorsionner dans tous les sens pour échapper à l'expérience présente, mais elle doit en être consciente simplement et sans effort.

5

A propos du fait d'être conscient

La question : « Comment le résoudre ? » n'est posée que par ceux qui ne comprennent pas le problème. Si un problème peut être résolu, le comprendre et savoir le résoudre sont une seule et même chose. D'autre part, essayer de résoudre un problème que l'on ne comprend pas c'est comme essayer d'éclaircir les ténèbres en les écartant avec les mains. Il suffit de brancher la lumière, et les ténèbres se dissipent d'un seul coup.

Cela vaut particulièrement pour le problème qui se pose à nous maintenant. Comment réduire cette séparation entre l' « ego » et le « moi », le cerveau et le corps, l'homme et la nature, et comment mettre un terme à tous ces cercles vicieux ainsi engendrés ? Comment faire une autre expérience de la vie qui ne soit pas celle d'un piège à miel où nous nous débattons comme des mouches ? Comment trouver la sécurité et la paix de l'esprit dans un monde dont la nature est l'insécurité, l'impermanence, et le changement perpétuel ? Toutes ces questions requièrent une méthode et un plan d'action. Mais, en même temps, toutes ces questions révèlent que l'on n'a pas compris le problème. Nous n'avons pas besoin d'action, pas encore du moins. Nous avons besoin de plus de lumière.

Et lumière ici signifie conscience — conscience de la vie, de l'expérience telle qu'elle est en ce moment précis, sans interférence d'aucun jugement ni concept. En d'autres termes, il faut voir et sentir ce que l'on expérimente tel quel, et non pas tel que cela est nommé. Cette très simple « ouverture des yeux » entraîne la plus extraordinaire transformation de notre faculté de compréhension et de notre vie, et nous révèle que la plupart de nos problèmes les plus déconcertants ne sont en fait que pure illusion. C'est un point de vue qui peut paraître trop simplificateur parce que la plupart des gens s'imaginent qu'ils sont déjà bien suffisamment conscients du présent, mais nous verrons combien cela est loin de la vérité [1].

Comme la conscience est une appréhension de la réalité en dehors de toute idée ou jugement,

1. J'emploie le terme de « conscience » dans le sens utilisé par Krishnamurti, qui a analysé ce sujet dans ses écrits avec une extraordinaire perspicacité.

il est donc impossible de définir et d'écrire *ce qu'*elle révèle. Tout ce qui peut être décrit est idée, aussi ne puis-je rien formuler de positif à propos de quelque chose — le monde réel — qui *n'*est *pas* une idée. Il faudra donc que je me contente de parler des fausses impressions que la conscience démasque, plutôt que de la vérité que celle-ci révèle. Cette dernière ne peut être que symbolisée par des mots qui ne signifient rien ou pas grand-chose pour tous ceux qui n'en ont pas une compréhension directe.

Ce qui est vrai et positif est trop réel et vivant pour être décrit, et le fait même d'essayer de le décrire reviendrait à vouloir teindre en rouge une rose déjà rouge. Tout ce qui suit devra donc être d'un caractère plutôt négatif. La vérité se révèle en faisant disparaître tout ce qui obscurcit sa propre lumière, suivant un art proche de la sculpture, où l'artiste crée non pas en rajoutant de la matière mais en en ôtant.

Nous voyons bien que toutes ces questions concernant la recherche de la sécurité et de la paix de l'esprit dans un monde transitoire révèlent que nous n'avons pas compris le problème. Avant d'aller plus loin, il faut qu'il soit bien clair que la sécurité dont nous parlons est essentiellement spirituelle et psychologique. Pour pouvoir exister, les êtres humains doivent disposer d'un minimum de nourriture, de boisson et de vêtements — mais ils doivent savoir également que ce minimum ne peut pas durer indéfiniment.

Si nous disposions d'un minimum vital garanti pour soixante ans, cela nous satisferait-il et tous nos problèmes en seraient-ils pour autant presque entièrement résolus ? Certes, si nous ne réussissons pas à obtenir cette garantie c'est précisément parce que nous désirons beaucoup plus que le strict minimum nécessaire.

Il devrait être tout de suite évident qu'il y a une contradiction flagrante dans le désir même de se sentir en parfaite sécurité dans un univers dont la nature est toute fluidité et momentanéité. Mais cette contradiction existe à un niveau un peu plus profond que le simple conflit entre le *désir* de sécurité et le *fait* du changement. Si je veux être en sécurité, c'est-à-dire protégé du flux de la vie, c'est que je veux être séparé de la vie. Et c'est cependant cette sensation même de séparation qui me rend incertain. Etre en sécurité signifie isoler et renforcer l'« ego », mais c'est justement cette sensation d'être un « ego » isolé qui m'effraie et me fait me sentir seul. En d'autres termes, plus je me trouverais en sécurité, plus j'aspirerais à davantage de sécurité encore.

Ou, pour m'exprimer encore plus clairement : le désir de sécurité et la sensation d'insécurité sont une seule et même chose. Retenir son souffle c'est perdre son souffle. Vivre dans une société fondée sur la quête de la sécurité c'est comme disputer une épreuve de rétention du souffle où tout le monde se tendrait comme la peau d'un tambour et deviendrait rouge comme une betterave.

Nous recherchons cette sécurité en nous renforçant et en nous cloisonnant nous-mêmes d'innombrables façons. Nous cherchons à nous protéger en nous tenant « à part » dans un monde « très fermé », et nous nous efforçons d'appartenir à la plus sainte église, à la meilleure nation, à la classe la plus élevée, et au « beau » monde. Ces cloisonnements créent des divisions entre nous, ce qui nous rejette encore plus dans l'insécurité et nous force donc à nous entourer de défenses encore plus nombreuses. Evidemment, ce faisant, nous croyons sincèrement que nous agissons comme il faut agir afin de vivre le mieux possible ; mais là aussi il y a contradiction.

Je ne peux espérer vivre conformément à un idéal, m'améliorer sans cesse, que si je suis séparé en deux parties. Il faut que mon bon « ego » améliore mon mauvais « moi ». Mon « ego », animé des meilleures intentions, doit maîtriser mon « moi » fantasque, mais cette situation conflictuelle entre ces deux parties de mon être ne fera qu'accroître leur différence. Mon « ego » se sentira donc de plus en plus séparé, et sous l'effet de cette impression d'isolement et de retranchement ainsi renforcée, mon « moi » tendra à se comporter encore plus mal.

Nous ne pouvons pas nous pencher sur ce problème si nous ne prenons pas d'abord conscience, en toute clarté, que ce besoin irrésistible de sécurité est en lui-même une contradiction et une source de douleur, et que plus nous essaierons de l'assouvir, plus nous en souffrirons. Cela vaut pour quelque forme de sécurité que l'on conçoive.

On veut être heureux, s'oublier, mais plus on essaie de s'oublier, plus on se souvient du soi que l'on veut oublier. On veut échapper à la douleur, mais plus on essaie, plus on remue le fer dans la plaie. On a peur et on veut être courageux, mais l'effort que l'on fournit pour être courageux c'est encore une peur qui essaie d'échapper à elle-même. On aspire à la paix de l'esprit, mais tenter de pacifier celui-ci revient à vouloir calmer les vagues de la mer avec un fer à repasser.

Nous connaissons tous le cercle vicieux que nous expérimentons quand nous sommes tourmentés. Nous savons bien qu'il est vain de se tourmenter, mais cela ne nous empêche pas de continuer à nous tourmenter. Nous nous tourmentons parce que nous nous sentons peu sûrs, et que nous aspirons à la sécurité. Et cependant il est parfaitement inutile de nous dire que nous ne *devrions* pas vouloir nous sentir en sécurité. Mépriser un désir ne nous empêche pas de le ressentir. Ce que nous devons découvrir c'est qu'il n'y a pas de sécurité, que la quête même de la sécurité est douleur, et que quand nous croyons enfin l'avoir trouvée, c'est pour nous rendre compte qu'elle ne nous satisfait pas. En d'autres termes, si nous pouvions réellement comprendre ce que nous recherchons — c'est-à-dire que la sécurité est isolement, et que nous nous détruisons véritablement nous-mêmes pour l'obtenir — nous nous rendrions compte que ce n'est pas du tout ce que nous souhaitons. Personne n'a besoin de vous dire qu'il ne faut pas que vous reteniez votre souffle pendant dix minutes. Vous savez que c'est impossible, ou que si vous essayez ce sera très désagréable.

Ce qu'il y a de plus important à comprendre, c'est qu'il n'y a ni sauvegarde ni sécurité. L'un des pires cercles vicieux est le tourment de l'alcoolique. Dans la plupart des cas il sait parfaitement qu'il est en train de se détruire, que l'alcool est un poison pour lui, qu'il déteste être saoul, et qu'il ne supporte même pas le goût de l'alcool. Et cependant il boit. Car, malgré toutes ses préventions, le fait de ne pas boire lui est encore plus insupportable. Cela l' « horrifie » absolument, car il se retrouve face à face et à découvert devant l'insécurité fondamentale du monde.

Voilà le cœur du problème. Faire face à l'insécurité c'est encore ne pas la comprendre. Pour la comprendre il ne faut pas lui faire face mais être elle-même tout à fait. C'est comme dans l'histoire persane où un sage vient frapper à la porte du Paradis. De l'intérieur la voix de Dieu demande : « Qui est là ? » et le sage répond : « C'est moi. » « Dans cette maison, répond la voix, il n'y a pas de place pour toi et moi. » Aussi le sage s'éloigne-t-il et part-il méditer profondément cette réponse pendant de nombreuses années. Il revient frapper une deuxième fois, et la même voix lui repose la même question, et le sage répond encore une fois : « C'est moi. » La porte demeure close. Après quelques années il retourne pour la troisième fois et, comme il frappe, la voix lui redemande encore une fois : « Qui est là ? » et le sage répond : « C'est toi-même. » Alors la porte s'ouvre.

Comprendre qu'il n'y a pas de sécurité signifie beaucoup plus que reconnaître simplement que tout est soumis au changement, ou que la vie est transitoire. La notion de sécurité se fonde sur ce sentiment qu'il y a en nous un fond permanent et qui résiste à la fuite du temps et aux fluctuations de la vie. Nous luttons pour raffermir la permanence, la continuité, et la sécurité de ce noyau résistant, ce centre et cette âme de notre être que nous appelons l' « ego ». C'est ainsi que nous croyons pouvoir devenir réellement des hommes — les maîtres incontestés de nos pensées, de nos sensations et de notre savoir. Nous ne comprenons pas que nous n'atteindrons jamais la sécurité tant que nous ne nous rendrons pas compte que cet « ego » n'existe pas.

La compréhension passe par une prise de conscience. Pouvons-nous donc approcher notre expérience — nos sensations, nos sentiments et nos pensées — en toute simplicité, comme si nous ne l'avions jamais connue auparavant, et pouvons-nous, sans préjugé, observer son développement ? Si l'on me demande : « Mais quels sont les sentiments, les sensations et les pensées que je dois observer ? » je répondrai : « Lesquels pouvez-vous donc observer ? » La réponse est qu'il faut observer ce dont on fait l'expérience dans l'instant présent.

Cela paraît tout à fait évident. Mais souvent on ne prête pas suffisamment d'attention aux choses évidentes. On n'a pas conscience d'une sensation qui n'est pas présente. Il n'y a pas d'expérience mais seulement une expérience de l'instant. Ce que vous savez, ce dont vous avez conscience, c'est uniquement ce qui se passe en ce moment, et rien d'autre.

Mais les souvenirs alors ? En me souvenant ne puis-je donc pas également connaître le passé ? Soit, essayez donc alors de vous remémorer un quelconque souvenir. Rappelez-vous votre ami que vous avez croisé dans la rue. De quoi avez-vous conscience ? Vous ne voyez pas réellement votre ami en chair et en os en train de marcher dans la rue. Vous ne pouvez pas aller à sa rencontre et lui serrer la main, ou lui demander un renseignement que vous avez oublié de lui demander la dernière fois que vous vous êtes rencontrés. En d'autres termes, nous ne sommes pas en présence du passé réel, mais bien plutôt d'une trace présente du passé.

Ainsi quand on voit des traces de pattes d'oiseau sur le sable. Je vois ces empreintes présentes. Mais je ne vois pas l'oiseau qui a laissé ces empreintes une heure auparavant. L'oiseau s'est envolé et je ne le vois pas. Je déduis à partir des empreintes qu'il y avait un oiseau. Des souvenirs nous pouvons déduire qu'il y a eu des événements passés. Mais nous ne sommes pas pour autant conscients de ces événements. Nous ne connaissons le passé que dans le présent et en tant que partie du présent. C'est donc que notre expérience est tout entière momentanée. D'une part, chaque moment est tellement bref et fuyant que nous ne pouvons même pas y penser sans qu'il ait déjà disparu. D'autre part, ce moment est toujours présent, puisque nous ne pouvons avoir conscience d'aucun moment sinon du moment présent. C'est un moment qui est toujours mourant, qui plonge vers le passé toujours plus rapidement. Mais c'est aussi un moment qui est toujours à peine né, toujours nouveau, émergeant de cet inconnu total que nous appelons le futur. Penser à cela finit presque toujours par nous couper le souffle.

Dire que l'expérience est momentanée revient à dire que l'expérience et le moment présent sont une seule et même chose. Dire que ce moment est toujours en train de mourir, ou devient du passé, ou encore qu'il est toujours en train de naître, ou bien qu'il surgit de l'inconnu, c'est dire la même chose de l'expérience. L'expérience que l'on vient de faire s'est évanouie irrémédiablement, et tout ce qu'il nous en reste n'est qu'une sorte d'empreinte ou de trace dans le présent, c'est-à-dire ce que nous appelons un souvenir. Même si l'on peut deviner quelle sera la prochaine expérience, on l'ignore en fait totalement. Tout peut arriver. Mais l'expérience à venir est, exactement comme si elle avait déjà été, un enfant nouveau-né qui disparaît avant même d'avoir pu vieillir.

Maintenant que vous réalisez cette expérience présente, avez-vous conscience de *quelqu'un* en train de réaliser cette expérience ? Pouvez-vous avoir conscience d'un expérimentateur, en plus de l'expérience elle-même ? Pouvez-vous, en même temps, lire cette phrase, et vous penser vous-même en train de la lire ? Vous vous rendrez compte que pour vous penser vous-même en train de lire, il faut que vous vous arrêtiez de lire pendant quelques secondes. La première expérience est la lecture. La seconde expérience est la pensée : « Je suis en train de lire. » Pouvez-vous trouver un sujet pensant qui pense cette pensée : « Suis-je en train de lire ? » En d'autres termes, quand on fait l'expérience présente de la pensée : « Je suis en train de lire », peut-on se penser soi-même en train de penser cette pensée ?

Encore une fois, il faut s'arrêter de penser : « Je suis en train de lire. » On accède alors à une troisième expérience, qui est celle de la pensée : « Je suis en train de penser que je suis en train de lire. » Ne laissez pas la rapidité avec laquelle ces pensées peuvent se succéder vous faire croire que vous les pensez toutes à la fois et au même instant.

Mais que s'est-il passé ? A aucun moment nous n'avons pu nous séparer de notre pensée présente, ou de notre expérience présente. La première expérience présente a été le fait de lire... Quand vous avez essayé de vous penser vous-même en train de lire, vous êtes passé à une autre expérience, et l'expérience présente qui suivit fut celle de la pensée : « Je suis en train de lire. » Vous n'avez pas pu vous séparer de cette expérience sans passer à une autre expérience. C'était « s'élever pour retomber ». Quand vous pensiez : « Je suis en train de lire cette phrase », vous n'étiez pas en train de la lire. En d'autres termes, à chaque expérience présente vous n'étiez conscient que de cette seule expérience. Vous n'étiez jamais conscient d'être conscient. Vous n'avez jamais pu séparer le penseur de la pensée, le connaisseur de la connaissance. Tout ce que vous avez découvert n'a été qu'une nouvelle pensée, une nouvelle expérience.

Etre conscient donc, c'est être conscient de pensées, de sentiments, de sensations, de désirs, et de toutes les autres formes d'expérience. Nous ne sommes jamais conscients de quelque chose qui n'est ni expérience, ni pensée, ni sentiment, mais qui serait plutôt expérimentateur, penseur, ou sujet sensible. S'il en est ainsi comment se fait-il que nous croyions qu'une telle chose puisse exister ?

Nous pourrions dire par exemple que l' « ego » penseur est ce corps physique et ce cerveau. Mais ce corps n'est absolument pas séparé de ses pensées et de ses sensations. Quand on perçoit une sensation, de l'ordre du toucher par exemple, cette sensation fait partie intégrante du corps. Tout le temps que nous ressentons cette sensation, nous ne pouvons en maintenir notre corps à l'écart, de même qu'il nous est impossible de nous séparer d'un mal de tête ou de nos propres pieds. Aussi longtemps qu'elle dure, cette sensation est votre propre corps, elle est vous-même. On peut se lever d'un fauteuil inconfortable, mais on ne peut séparer son corps de la sensation pénible qu'il ressent.

Cette notion d'un penseur séparé, d'un « ego » situé hors de l'expérience, nous vient de la mémoire et de la rapidité avec laquelle les pensées se succèdent. C'est comme si l'on faisait tournoyer une torche pour créer l'illusion d'un cercle de feu. Si l'on pense que la mémoire est une connaissance directe du passé plutôt qu'une expérience présente, on est victime de l'illusion qui consiste à croire que l'on connaît le passé et le présent en même temps. Ce qui nous laisse supposer qu'il existe en nous quelque chose qui n'appartient ni à l'expérience passée ni à l'expérience présente. En effet, nous raisonnons ainsi : « Je suis conscient de cette expérience présente, et elle est différente de l'expérience passée. Si je peux comparer les deux expériences, et remarquer que l'expérience a changé, c'est donc que je dois être une constante à part. »

Mais, en fait, nous ne pouvons pas comparer cette expérience présente avec une expérience passée. Nous ne pouvons la comparer qu'avec notre mémoire du passé, qui fait partie intégrante de l'expérience présente. Si l'on comprend que le souvenir est une forme d'expérience présente, il devient tout à fait évident qu'il est impossible de se séparer de cette expérience de même qu'il est impossible de se mordre les dents. Il n'y a simplement que l'expérience. Il n'y a pas quelque chose ou quelqu'un qui expérimente l'expérience ! On ne sent pas des sensations, on ne pense pas des pensées et l'on ne ressent pas de sentiments de même que l'on ne s'entend pas écouter, l'on ne se voit pas voir, et l'on ne se sent pas sentir. « Je me sens bien » signifie qu'une sensation agréable est présente. Cela ne signifie pas qu'il existe un « ego » d'une part et une chose séparée d'autre part appelée « sensation », de telle sorte que tous deux réunis, cet « ego » *ressent* cette sensation agréable. Il n'y a pas de sensations mais des sensations présentes, et quelle que soit la sensation présente, c'est l' « ego ». Il n'y a jamais eu d' « ego » séparé d'une expérience présente, de même qu'il n'y a jamais eu d'expérience présente séparée d'un « ego » — ce qui revient à dire que tous deux sont une seule et même chose.

Comme pour toute mise au point philosophique, nous ne faisons que perdre notre temps. Nous n'essayons pas ici d'ouvrir une « discussion intellectuelle ». Nous sommes conscients du fait que tout « ego » séparé qui penserait des pensées et expérimenterait des expériences, n'est que pure illusion. Comprendre cela c'est réaliser que la vie est tout à fait transitoire, qu'il n'y a ni permanence ni sécurité, et qu'il n'y a pas d' « ego » à protéger.

Il y a une histoire chinoise qui raconte comment un pèlerin vint un jour trouver un grand sage, et lui dit : « Je ne trouve pas la paix de l'esprit. Je vous demande de pacifier mon esprit. » Le sage répondit : « Apporte-moi ton esprit (ton ego) et je le pacifierai. — Pendant de nombreuses années, répondit l'autre, j'ai cherché mon esprit, mais je n'ai pas pu le trouver. — Alors, c'est qu'il est déjà pacifié », conclut le sage.

La vraie raison pour laquelle la vie peut paraître parfois tellement exaspérante et frustrante, ce n'est pas parce qu'il existe ce que l'on appelle la mort, la douleur, la peur ou la faim. Mais là où rien ne va plus, c'est que face à ces événements, nous nous mettons à bourdonner et tourner en rond comme des mouches affolées, pour essayer de maintenir notre « ego » hors de l'expérience. Nous nous prenons pour des amibes, et nous essayons de nous protéger de la vie en nous séparant en deux. Mais le bon sens et l'intégrité voudraient que nous comprenions que nous ne sommes pas séparés, que l'homme et son expérience présente ne forment qu'un seul tout, et qu'il n'existe pas d' « ego » ou d'esprit séparé.

Tant que l'on se pensera en tant qu' « ego » séparé de l'expérience le trouble et la confusion demeureront. Et il n'y a alors ni conscience ni compréhension de l'expérience, et donc aucune possibilité réelle d'assimiler celle-ci. Pour comprendre le moment présent je ne dois pas essayer de m'en séparer ; je dois au contraire en prendre conscience de tout mon être. Ce n'est pas quelque chose que je *devrais* faire, comme m'empêcher de retenir mon souffle pendant dix minutes. C'est en réalité la seule chose que je peux faire. Tout le reste n'est que folie pour tenter l'impossible.

Pour comprendre la musique, il faut l'écouter. Mais tant que l'on pense : « *Je* suis en train d'écouter cette musique », on n'écoute pas effectivement cette musique. Pour comprendre la joie ou la peur, il faut en être entièrement conscient. Tant que l'on s'obstine à en parler en disant : « Je suis heureux », ou : « J'ai peur », on n'en est pas conscient. La peur, la douleur et l'ennui nous troubleront toujours si nous ne les comprenons pas, mais pour les comprendre il faut les observer avec un esprit qui ne forme qu'un seul tout. Tel est sans doute le sens de cet étrange dicton : « Si tu n'as qu'un seul œil, tout ton corps s'illuminera. »

6

L'instant merveilleux

Vous êtes en train d'écouter une chanson. Soudain je vous demande : « En ce moment, qui êtes-vous ? » Comment répondrez-vous à cette question, immédiatement et spontanément, sans vous arrêter à chercher des mots ? Si cette question ne vous frappe pas suffisamment pour vous interrompre d'écouter, vous me répondrez en fredonnant cette même chanson. Si la question vous surprend, vous me répondrez : « En ce moment, qui suis-je ? » Mais si vous vous arrêtez pour penser, vous essaierez de me répondre, en vous référant non pas à ce moment précis mais plutôt au passé. J'apprendrai ainsi votre nom et votre adresse, votre travail et votre histoire personnelle. Mais je vous ai demandé qui vous *êtes*, et non pas qui vous *étiez*. Car pour être conscient de la réalité, du présent vivant, il faut savoir qu'à chaque moment l'expérience est un tout. Il n'y a rien d'autre hors d'elle

— il n'y a pas l'expérience d'un « ego » expérimentant l'expérience.

Même dans nos moments les plus conscients, le « soi » dont nous sommes conscients est toujours une sensation ou un sentiment particulier — une tension musculaire, une sensation de froid ou de chaud, de douleur ou d'irritation, un mouvement de respiration, ou une pulsation cardiaque. Nous ne sommes pas sensibles au corps qui ressent la sensation, de même que nous ne pouvons pas sentir notre propre nez ou embrasser nos propres lèvres.

Dans nos moments de bonheur ou de plaisir, nous sommes généralement tout à fait conscients de l'instant même et nous acceptons que l'expérience se constitue en un tout unique. Dans ces moments nous « nous oublions nous-mêmes » et notre esprit n'essaie pas de se scinder en deux, ou de se séparer de l'expérience. Mais dès le moindre signe de douleur, soit physique soit morale, soit réelle soit future, nous nous scindons en deux parties et le cercle vicieux se forme aussitôt.

Dès que nous concevons en toute clarté que notre « ego » ne peut échapper à la réalité du présent, dans la mesure où notre « ego » n'est rien d'autre que ce que nous connaissons dans l'instant, ce trouble intérieur doit cesser. Il ne nous reste plus d'autre possibilité que d'être conscients de la douleur, de la peur, de l'ennui tout aussi complètement que nous sommes conscients du plaisir. L'organisme humain dispose d'une merveilleuse faculté d'adaptation à la douleur psychologique et physique. Mais cette faculté ne peut s'exercer que si nous n'entretenons pas constamment notre douleur en essayant en vain d'y échapper, à force de vouloir séparer notre « ego » de la sensation même. Cet effort suscite un état de tension dont la douleur profite. Mais quand la tension cesse, l'esprit et le corps réabsorbent la douleur comme l'eau se referme sur elle-même après une explosion.

On connaît l'histoire du sage chinois auquel on demandait : « Comment échapper au feu ? » — sous-entendu le feu des souffrances. Il répondit : « En marchant au beau milieu des flammes. — Mais comment échapperons-nous aux flammes brûlantes ? — Plus aucune douleur ne vous atteindra ! » Ce n'est toutefois pas la peine d'aller jusqu'en Chine. Nous trouvons la même idée dans *La Divine Comédie*, quand Dante et Virgile découvrent que la sortie de l'Enfer se trouve en son centre même.

Dans nos moments de joie intense, il ne nous vient généralement jamais à l'esprit de penser : « Je suis heureux », ou : « Ceci est la joie ». Nous ne ressentons au contraire le besoin de nous convaincre ainsi que lorsque notre joie n'est déjà plus aussi vive, ou même lorsque nous pressentons avec inquiétude qu'elle est sur le point de se dissiper. Dans ces moments nous faisons tellement partie intégrante de l'instant que nous ne cherchons pas à comparer cette expérience avec d'autres expériences. C'est pourquoi nous ne la nommons pas, parce que tous les noms qui ne sont pas de simples exclamations se fondent sur des comparaisons. « Joie » se différencie de « douleur » par contraste, par comparaison entre deux états d'âme. Si nous n'avions jamais connu la joie, il nous serait impossible d'identifier la douleur en tant que telle.

Mais pratiquement nous ne pouvons pas comparer la joie avec la douleur. La comparaison n'est possible que si l'on passe très rapidement d'un état d'âme à un autre, et l'on ne peut pas éprouver à volonté et alternativement des sentiments de joie et de douleur comme l'on peut regarder successivement un chat et un chien. On ne peut comparer la douleur qu'au *souvenir* de la joie, et celui-ci est très différent de la joie elle-même.

Pas plus que les mots, les souvenirs ne permettent de « saisir » la réalité. Les souvenirs sont plutôt abstraits, ils sont plus un savoir *sur* les choses, qu'un savoir *des* choses elles-mêmes. Un souvenir ne saisit jamais l'essence, l'intensité présente, la réalité concrète d'une expérience. Il s'agit plutôt du cadavre d'une expérience que la vie a déserté. Nous ne connaissons que par réflexion ce que nous connaissons par le souvenir. Les souvenirs sont morts parce que fixes. Le souvenir de votre grand-mère morte n'est qu'une reproduction de l'image immobile de votre grand-mère. Mais votre grand-mère présente et réelle pouvait toujours faire ou dire quelque chose de nouveau, et vous ne saviez jamais vraiment quelle allait être sa prochaine réaction.

Il y a donc deux façons de comprendre une expérience. On peut tout d'abord la comparer avec les souvenirs d'autres expériences, et donc la nommer et la définir. Cela revient à l'interpréter en fonction de ce qui est mort et passé. Mais on peut aussi être conscient de l'expérience telle qu'elle est, comme lorsque, au comble de la joie, nous oublions le passé et le futur, et laissons le présent nous envahir complètement au point que nous ne perdons même pas de temps à penser : « Je suis heureux. »

Il y a donc deux façons de comprendre une expérience et la différence qui les sépare est celle-là même qui existe entre la connaissance verbale d'une chose et la connaissance immédiate de cette même chose. Un menu est peut-être utile, mais il ne saurait se substituer au repas lui-même. Un guide touristique est tout aussi merveilleusement utile, mais il pourrait difficilement être comparé au pays qu'il décrit.

Il se trouve que, lorsque nous essayons de

comprendre le présent en le comparant à des souvenirs, nous ne le comprenons pas aussi profondément que lorsque nous en sommes conscients sans établir aucune comparaison. C'est de cette première façon cependant que nous abordons généralement les expériences désagréables. Au lieu d'en prendre conscience en tant que telles, nous essayons de les aborder en nous référant au passé. Les personnes effrayées ou esseulées pensent : « J'ai peur », ou : « Je suis seule ».

Ce n'est évidemment là qu'une façon de fuir l'expérience. Nous ne voulons pas être conscients de ce présent-là. Mais comme nous ne pouvons pas échapper au présent, il ne nous reste plus qu'à nous plonger dans nos souvenirs. Là nous nous sentons en sécurité, car le passé est ce qu'il y a de fixe et de connu — mais c'est aussi ce qui est mort évidemment. Aussi pour échapper à la peur nous efforçons-nous de nous en séparer et de la « fixer » en l'interprétant en termes de souvenirs, en termes de ce qui est déjà fixé et connu. Nous essayons de nous adapter au présent mystérieux en le comparant au passé (évoqué), en le nommant et en « l'identifiant ».

Ce serait une solution fort juste s'il s'agissait d'échapper à quelque chose dont on *puisse* s'échapper. C'est une habile façon de se mettre à l'abri. Mais cela ne nous apprend pas comment il faut vivre avec les choses auxquelles on ne peut échapper, et qui font partie intégrante de nous-mêmes. Notre corps n'élimine pas les poisons parce que nous connaissons leurs noms. Essayer de maîtriser la peur, la dépression ou l'ennui en les appelant par leurs noms c'est s'abandonner à la superstition et à la croyance aveugle dans les invocations et les malédictions.

Il est très facile de comprendre pourquoi cette méthode ne réussit pas. Il est évident que nous essayons de savoir, de nommer et de définir la peur afin de l' « objectiver », c'est-à-dire de la séparer de l' « ego ». Mais pourquoi essayons-nous de nous séparer de la peur ? Précisément parce que nous avons peur. En d'autres termes, la peur est là parce que nous essayons de nous en séparer, comme si l'on pouvait éteindre le feu avec du feu.

Mais ce n'est pas tout. Plus nous nous habituons à comprendre le présent d'après le passé, le connu d'après l'inconnu, le vivant d'après ce qui est mort, plus notre vie se dessèche et plus nous sommes envahis d'un sentiment de tristesse et de frustration. Ainsi protégé de la vie, l'homme devient une sorte de mollusque incrusté dans la coquille dure de la « tradition », et quand la réalité finit par surgir, un raz de marée de terreur l'emporte.

Mais si l'on est conscient de sa peur, on comprend que, cette sensation faisant partie intégrante de soi, il est impossible d'y échapper. On se rend compte que de l'appeler « peur » ne nous avance à rien, car toute comparaison ou dénomination se fonde non sur l'expérience mais sur le souvenir. La seule solution qui nous reste est donc d'en être conscient avec tout notre être, comme d'une expérience entièrement nouvelle. Certes, *chaque* expérience est nouvelle en ce sens, et à chaque moment de notre vie nous nous trouvons entourés par le nouveau et l'inconnu. Dans ces conditions on participe à l'expérience sans lui résister et sans la nommer, et toute impression de conflit entre l' « ego » et la réalité présente disparaît.

Mais nous sommes, pour la plupart, intérieurement déchirés par ce conflit parce que notre vie n'est qu'un long effort pour résister à l'inconnu, au présent réel dans lequel nous vivons, qui est l'inconnu sur le point de naître. C'est pourquoi nous n'apprenons jamais à vivre en harmonie. A chaque instant nous hésitons, nous restons sur la défensive. Et tout cela sans que nous en retirions aucun avantage, car la vie nous plonge malgré nous dans l'inconnu et vouloir résister est aussi vain et exaspérant qu'essayer de nager à contre-courant dans un torrent déchaîné.

L'art de vivre dans cette « situation difficile » ne consiste ni à se laisser aller aveuglément ni à se raccrocher plein de crainte au passé et au connu. Il faut au contraire être complètement sensible à chaque instant, considérer chacun de ceux-ci comme tout à fait nouveau et unique, garder l'esprit ouvert et réceptif.

Je n'énonce pas ici une théorie philosophique mais le résultat d'une expérience. Il faut faire cette expérience pour comprendre qu'elle met en jeu de nouvelles facultés d'adaptation à la vie, permettant d'*absorber* littéralement toute douleur et insécurité. Il est aussi difficile de décrire comment s'opère cette absorption que d'expliquer son propre battement de cœur ou la formation des gènes. Un esprit « ouvert » résout cela aussi aisément que la plupart d'entre nous respirent : sans être capable de l'expliquer. Le principe de ce phénomène est sûrement quelque chose de semblable au judo, le doux (ju) moyen (do) de maîtriser une force opposée en s'y abandonnant.

Le monde naturel nous offre de nombreux exemples illustrant la grande efficacité de ce moyen. La philosophie chinoise dont le judo lui-même est une expression — c'est-à-dire le taoïsme — nous a révélé comment l'eau réussit à surmonter tous les obstacles grâce à sa fluidité et à sa flexibilité. C'est elle aussi qui nous révéla comment le saule souple résiste à une tempête de neige à la différence du sapin robuste, car les branches rigides du sapin accumulent de la neige jusqu'à se rompre sous le poids, alors que les branches souples du saule se courbent, ce qui fait tomber la neige, et puis reviennent à leur position initiale.

Si, alors que vous êtes en train de nager, vous êtes pris dans un courant violent, il est inutile de résister. Il faut nager dans le sens du courant et se rapprocher peu à peu du bord. Si l'on saute d'une certaine hauteur avec les jambes raides, on a de grandes chances de se les casser, alors que si l'on saute comme un chat, on se relèvera sain et sauf. Un bâtiment dépourvu de tout « jeu » dans sa structure s'effondrera facilement au moindre cyclone ou tremblement de terre, et une voiture sans amortisseur se disloquera sur la route.

L'esprit dispose de cette même flexibilité car il peut recevoir et absorber les coups tout comme l'eau ou un coussin. Mais s'abandonner à une force opposée n'est pas du tout la fuir. Une étendue d'eau ne fuit pas quand on y plonge la main ; elle s'ouvre au contraire au point de contact et se referme sur votre main. Un punching-ball ne tombe pas comme une quille quand on lui porte un coup ; il se plie et puis revient à sa position initiale. La fuite est la seule défense dont dispose un objet *rigide* face à une force trop grande. Aussi la qualité d'un bon amortisseur ne dépend-elle pas simplement de son « élasticité », mais aussi de sa stabilité et de son « poids ».

Ce poids est également une caractéristique de l'esprit et il se manifeste dans ce phénomène généralement mal compris qu'est la paresse. De façon tout à fait significative, les gens nerveux et frustrés sont toujours affairés, même quand ils sont oisifs, car cette oisiveté est une « paresse » qui vient de la peur et non du repos. Mais l'esprit-corps est un système qui accumule et conserve de l'énergie. Ce faisant il est tout à fait paresseux. Quand l'énergie est accumulée, elle ne demande alors qu'à être dépensée, le plus facilement et avec le moins d'effort possible. C'est pourquoi ce n'est pas seulement la nécessité mais aussi la paresse qui est mère de l'invention. Il suffit d'observer les mouvements lents et « lourds » d'un travailleur habile occupé à quelque rude tâche, et comment, alors même qu'il lutte contre la pesanteur, un bon montagnard utilise en fait cette même pesanteur et marche à grandes enjambées lentes et pesantes. On dirait qu'il tire des bords contre la pente, comme un voilier contre le vent.

A la lumière de ces principes, comment donc l'esprit réussit-il à absorber la souffrance ? Il découvre que la résistance et la fuite — soit les tentatives de l'ego — sont vaines. On n'échappe pas à la douleur, et toute résistance ne fait que l'accroître ; tout le système est ébranlé par le choc. Prenant conscience de l'inanité de ces tentatives, il ne lui reste plus qu'à se conformer à sa nature — c'est-à-dire demeurer stable et absorber.

Demeurer stable c'est s'interdire d'essayer de se séparer de la douleur parce que l'on sait que c'est impossible. Fuir la peur c'est avoir peur, résister à la douleur c'est souffrir, se montrer courageux c'est être craintif. Si l'esprit souffre, l'esprit est douleur. Le sujet pensant ne dispose pas de formes autres que sa pensée. Il n'y a pas de fuite possible. Mais tant que l'on ne prendra pas conscience de cette inséparabilité entre le penseur et sa pensée, l'on essaiera toujours d'échapper.

Et l'absorption s'ensuit, tout à fait naturellement. Ce n'est pas un effort : l'esprit absorbe de lui-même. En se rendant compte qu'il ne peut échapper à la douleur, l'esprit cède, absorbe, et prend conscience de la douleur en tant que telle sans qu'il y ait aucun ego qui la ressente ou essaie d'y résister. Il expérimente la douleur tout aussi complètement et inconsciemment qu'il expérimente le plaisir. La douleur est la nature de ce moment présent, et je ne peux vivre que dans ce moment.

Parfois, quand la résistance cesse, la douleur disparaît ou se réduit en un malaise tout à fait tolérable. Parfois au contraire elle demeure, mais l'absence de résistance nous fait ressentir la douleur de façon tout à fait inhabituelle et difficilement exprimable. La douleur n'est plus alors problématique. Je la ressens, mais je ne m'efforce plus de m'en libérer, car j'ai compris que la douleur et l'effort pour y échapper sont une seule et même chose. Vouloir échapper à la douleur *est* la douleur même ; ce n'est pas la réaction d'un « ego » séparé de la douleur. Quand on comprend cela, le désir d'échapper « se fond » dans la douleur elle-même et *disparaît*.

En laissant l'aspirine de côté, l'on ne peut écarter sa tête d'une migraine comme on peut écarter sa main d'une flamme. « Soi » égale « tête » égale « migraine ». Quand on réalise que l'on *est* la douleur, la douleur cesse d'être un mobile, car il n'existe rien sur quoi celle-ci pourrait agir. Elle devient, dans le vrai sens du terme, inconséquente. Elle fait souffrir — et c'est tout.

Il ne s'agit pas là cependant d'une expérience que l'on peut réserver pour les moments de crise, comme un quelconque gadget. C'est une façon de vivre. Cela signifie qu'il faut toujours rester conscient, alerte et sensible à toutes les actions et inter-relations possibles, à partir de cet instant présent. Mais il faut tout d'abord être pleinement convaincu qu'il n'existe pas réellement d'autre solution à part celle de rester conscient — parce que l'on ne peut se séparer du présent et définir son propre être à part. On peut évidemment refuser d'admettre cela, mais seulement au prix d'un immense et vain effort pour résister toute sa vie à l'inévitable.

Une fois que l'on a compris cela, il est tout à faite absurde de soutenir que l'on peut choisir entre deux façons de vivre : soit résister au courant dans un état de vaine panique, soit garder les yeux grands ouverts sur un monde neuf, transformé, et toujours plein de nouvelles merveilles. La clé du problème est la compréhension. Mais demander comment l'on peut comprendre quelle est la technique ou la méthode, quelles sont les règles ou quels sont les premiers pas à faire, voilà qui est passer tout à fait à côté de la question. Les méthodes sont bonnes lorsqu'il s'agit de créer des choses qui n'existent pas encore. Ce qui nous intéresse ici c'est de comprendre quelque chose qui *est* — le moment présent. Il ne s'agit pas d'une discipline spirituelle ou psychologique pour le perfectionnement de soi. Il s'agit simplement d'être conscient de cette expérience présente, et de se rendre compte que l'on ne peut ni la définir ni en séparer son être. Il n'y a pas d'autre règle que : « Regarde ! »

Nous n'exprimons pas simplement un sentiment poétique en affirmant que, l'esprit ainsi ouvert, nous contemplons un nouveau monde, aussi neuf qu'au premier jour de la Création « quand les étoiles du matin chantaient en chœur, et que tous les fils de Dieu criaient de joie ». Si nous essayons de comprendre chaque chose d'après le passé, les souvenirs et les mots, c'est comme si nous ne levions pas le nez de notre guide touristique pendant la plus grande partie de notre voyage, sans jamais regarder le paysage. La critique que fait Whitehead de notre éducation traditionnelle vaut pour l'ensemble de notre façon de vivre :

> *Nous sommes trop livresques dans notre routine scolaire... Dans le jardin d'Eden, Adam vit les animaux avant de les nommer : dans notre système traditionnel, les enfants nomment les animaux avant de les voir* [1].

Au sens large du terme, nommer c'est interpréter l'expérience en fonction du passé, la traduire en termes de mémoire, rattacher l'inconnu au système du connu. L'homme civilisé ne connaît guère d'autre moyen de comprendre les choses. Chaque être, chaque chose, doit avoir son étiquette, sa numération, son certificat, son immatriculation, sa classification. Ce qui n'est pas classifié est irrégulier, imprévisible et dangereux. Si nous ne pouvons produire de passeport, de certificat de naissance ou de nationalité, notre existence n'est pas reconnue. Si nous critiquons les capitalistes, ceux-ci nous traitent de communistes et vice versa. Et celui qui ne par-

1. A.N. Whitehead, *Science et monde moderne* (Cambridge, 1933), p. 249.

tage aucun point de vue avec quiconque devient vite inintelligible.

Qu'il puisse exister une façon de considérer la vie en dehors de toutes conceptions, croyances, opinions et théories, voilà qui est très étranger à la mentalité moderne. On croit qu'une telle vision des choses ne peut naître que dans le cerveau vide d'un faible d'esprit. Nous souffrons de cette illusion que l'ordre de l'univers se fonde sur les catégories de la pensée humaine, et nous craignons qu'à ne pas nous y raccrocher avec une extrême ténacité, tout se dissolve dans le chaos.

Il nous faut le répéter : la mémoire, la pensée, le langage, et la logique sont essentiels à la vie humaine. Ils comptent pour moitié dans l'équilibre de la santé mentale. Mais une personne, une société, qui n'est qu'à moitié saine d'esprit est tout à fait aliénée. Considérer la vie sans recourir aux mots ne signifie pas perdre la faculté de former des mots — de penser, de se souvenir, et de faire des projets. Etre silencieux ne veut pas dire perdre sa langue. Au contraire, ce n'est qu'au travers du silence que l'on peut découvrir quelque chose de neuf dont on pourra parler. Quelqu'un qui parlerait sans cesse, sans s'arrêter pour regarder et écouter, ne ferait que se répéter *ad nauseam*.

Il en va de même pour la pensée, qui est réellement une parole silencieuse. Elle n'est pas en mesure de découvrir quelque chose de nouveau par elle-même, car ses seules nouveautés ne sont que des réagencements de vieux mots et idées. Il fut un temps où le langage était constamment enrichi par l'apport de nouveaux vocables — un temps où les hommes, comme Adam, voyaient les choses avant de les nommer. Aujourd'hui, la plupart des mots nouveaux sont des réagencements de mots anciens, car notre pensée a cessé d'être créatrice. Je ne veux pas dire par-là que nous devrions tous fourmiller d'inventions et de découvertes révolutionnaires. Seules de très rares personnes peuvent à la fois voir l'inconnu et l'interpréter. Mais nous pouvons, pour la plupart d'entre nous, recouvrir l'autre moitié de notre santé mentale en nous abandonnant tout simplement à la vision et la jouissance de l'inconnu, de même que nous pouvons jouir de la musique sans savoir ni comment elle est écrite ni même par quel mécanisme le corps est en mesure de l'entendre.

A coup sûr le penseur révolutionnaire doit aller au-delà de sa pensée. Il sait que la plupart de ses meilleures idées ne lui traversent l'esprit que lorsqu'il a cessé de penser. Il peut s'être escrimé à comprendre un problème en suivant d'anciens raisonnements, pour découvrir en fin de compte que ce problème était simplement impossible à résoudre. Mais lorsque sa pensée s'arrête, épuisée, son esprit s'ouvre à la vision réelle du problème tel qu'il est — et non pas tel qu'il est verbalisé — et alors il le comprend d'un seul coup.

Toutefois le dépassement de la pensée n'est pas réservé aux seuls hommes de génie. C'est une possibilité offerte à chacun d'entre nous dans la mesure où « le mystère de la vie n'est pas un problème qu'il faut résoudre, mais bien une réalité qu'il faut expérimenter ». Nombreux sont ceux qui ont des dons de voyants, mais rares sont ceux qui peuvent être prophètes. Nombreux sont ceux qui peuvent écouter de la musique, mais rares sont ceux qui peuvent en composer ou l'exécuter. Mais, en fait, l'on ne peut même pas écouter si l'on ne sait entendre qu'en fonction du passé. Comment réagirions-nous à l'une des symphonies de Mozart si nos oreilles n'étaient accordées qu'à la musique des tamtams ? Nous pourrions peut-être être sensibles aux rythmes, mais l'harmonie et la mélodie nous échapperaient presque totalement. En d'autres termes, nous ne réussirions pas à découvrir un élément essentiel de la musique. Pour être capables d'écouter, et à plus forte raison d'écrire, une telle symphonie, les hommes doivent découvrir de nouveaux bruits — les vibrations d'un boyau de chat, la résonance de l'air traversant un tuyau, ou le bourdonnement d'une corde pincée. Il faut qu'ils découvrent tout l'univers de la tonalité, qui est tout à fait différent de l'univers du rythme.

Si je suis sensible aux rythmes, je ne peux pas apprécier la tonalité. Si je ne vois dans la peinture qu'un moyen de réaliser des photos couleur sans appareil, je ne comprendrai rien à un paysage chinois. Nous n'avons rien appris de très important si nous pouvons l'expliquer d'après une expérience passée. S'il nous était possible de comprendre toutes les choses d'après ce que nous connaissons déjà, nous pourrions faire comprendre la couleur à un aveugle uniquement par le son, le goût, le toucher et l'odeur.

Si cela est vrai pour tous les différents arts et sciences, ce l'est mille fois plus encore pour la compréhension de la vie au sens large et pour le cas où nous voudrions connaître la Réalité ultime, ou Dieu. Il est tout à fait absurde de rechercher Dieu dans les limites d'une conception *a priori* de sa nature. Cette recherche ne peut aboutir qu'à ce que nous connaissons déjà, et c'est pourquoi il est tellement facile de s'abuser devant toutes sortes de visions et d'expériences « surnaturelles ». Croire en Dieu et partir en quête du Dieu en qui vous croyez c'est tout simplement chercher une confirmation de votre opinion. Implorer une révélation de la volonté de Dieu et puis l' « examiner » à la lumière de vos préjugés moraux, c'est tourner votre quête en ridicule. Vous connaissiez déjà la réponse. Cette

« quête de Dieu » revient à demander une garantie de certitude et d'autorité absolue pour quelque chose en quoi, de toute façon, l'on croit déjà fermement c'est-à-dire pour que le futur et l'inconnu continuent de perpétuer ce que l'on veut retenir du passé — soit une forteresse encore plus vaste et mieux défendue pour l' « ego ». *Ein feste Burg !*

Si nous ne devons être ouverts que pour des découvertes qui s'accordent avec ce que nous connaissons déjà, nous ferions mieux de nous renfermer sur nous-mêmes. Voilà pourquoi les merveilleux progrès de la science et de la technologie nous sont en fait tellement peu utiles. C'est en vain que nous pouvons prédire et maîtriser le cours des événements futurs, si nous ne sommes pas capables de vivre dans le présent. C'est en vain que les docteurs prolongent notre vie si nous devons passer ce temps supplémentaire qui nous est accordé dans l'angoisse de vivre encore un peu plus longtemps. C'est en vain que les ingénieurs inventent de nouveaux moyens de transport, plus rapides et plus confortables, si nous classifions et comprenons les nouveaux paysages mis à notre portée suivant nos vieux préjugés. C'est en vain que nous disposons de l'énergie atomique, si c'est pour annihiler des milliers de personnes.

Ces instruments, tout comme les instruments du langage et de la pensée, ne sont utiles aux hommes que si ceux-ci sont éveillés — et non pas égarés dans les rêves du passé et du futur, mais bien au contraire très proches de ce point de l'expérience d'où seul l'on peut découvrir la réalité : c'est-à-dire cet instant présent. C'est ici que la vie est vivante, vibrante, éclatante, présente, et pleine de profondeurs que nous avons à peine commencé d'explorer. Mais pour voir et comprendre tout cela, l'esprit ne doit pas être divisé en un « ego » et « cette expérience ». Cet instant doit être ce qu'il a toujours été — tout ce que l'on est et tout ce que l'on connaît. Dans *cette* maison il n'y a pas de place pour toi et moi !

7

La transformation de la vie

L'homme blanc se considère comme un individu éminemment pratique qui ne s'intéresse qu'aux « résultats ». Il perd patience devant une théorie, ou devant toute discussion qui n'ouvre pas immédiatement sur des applications concrètes. C'est pourquoi l'on peut dire à propos du comportement général d'un Occidental : « Beaucoup de bruit pour rien. » Le sens propre de « théorie » n'est pas vaine spéculation mais bien *vision*, et c'est à juste titre que l'on dit : « Un peuple sans vision est condamné à périr. »

Mais vision dans ce sens ne signifie pas rêves et idéaux pour l'avenir. Vision signifie ici compréhension de la vie telle qu'elle est, telle que nous la vivons. Sans cette compréhension il est tout simplement ridicule de vouloir se montrer pratique et obtenir des résultats. C'est comme si l'on marchait dans le brouillard : on ne fait que tourner en rond. On ne sait ni où l'on va, ni quels sont les résultats que l'on recherche.

Pour ceux qui pensent ainsi, tout ce dont nous avons traité jusqu'ici peut paraître beaucoup trop théorique. Toutes ces idées sont belles et bonnes, mais sont-elles vraiment opérantes ? Je vous répondrai alors : « Qu'entendez-vous par opérer ? » Généralement pour savoir si une philosophie est opérante, on essaie de juger si elle rend les gens effectivement meilleurs et plus heureux, si elle fait naître la paix, la coopération et la prospérité. Il s'agit là cependant d'un critère dépourvu de toute signification et révélant peu de compréhension « théorique ». Qu'entendez-vous par bonheur ? Des gens « meilleurs», mais meilleurs pour quoi ? Sur quelle base allez-vous donc coopérer ? Qu'allez-vous faire de la paix et de la prospérité ?

La réponse à ces questions dépend entièrement de ce que nous sommes et de ce que nous voulons réellement maintenant. Si, par exemple, nous voulons à la fois la paix et l'isolement, la fraternité et la sécurité pour notre « ego », le bonheur et la permanence, alors nos désirs sont contradictoires. Leurs réalisations, si pratiques que nous nous montrions pour les faire aboutir, seront encore plus contradictoires. Nous retombons encore une fois dans ce même vieux dilemme : comment vouloir garder pour soi tout un gâteau et désirer également le manger ? —

la seule solution possible est d'avaler ce gâteau en entier et de le garder dans son estomac quitte à souffrir ensuite d'une violente indigestion.

Si nous nous voulons nationalistes et citoyens d'un Etat souverain, nous ne pouvons pas en même temps prôner la paix dans le monde. Si nous voulons que tout soit le moins cher possible, nous ne pouvons pas nous attendre à ce que tout soit de la meilleure qualité, car nous n'aurons qu'un mélange des deux, soit un ensemble médiocre. Si nous voulons atteindre à la supériorité morale, nous ne pouvons en même temps éviter un certain pharisaïsme. Si nous nous efforçons de croire en Dieu, nous ne pouvons pas avoir la foi, car la foi n'est pas effort mais laisser-aller.

Même après avoir décidé ce que nous voulons vraiment, il reste encore de nombreux problèmes techniques et pratiques à résoudre. Il ne sert à rien cependant de vouloir en discuter avant d'avoir pris une décision. D'autre part, il nous est impossible de nous décider tant que nous demeurons séparés en deux parties bien distinctes, un « ego » et une « expérience ». Si l'esprit est l'énergie motrice de l'action, il faut réconcilier l'esprit avec sa vision de la vie pour que l'action n'aboutisse point inéluctablement à un conflit.

Il nous faut donc expliciter un peu plus cette vision de réconciliation avec la vie que nous offre une conscience pleine et sûre d'elle-même, car il s'agit d'une transformation profonde de notre vision du monde. Pour autant que les mots soient fidèles, on peut dire que cette transformation consiste en une connaissance et une sensation du monde en tant qu'ensemble formant un seul tout organique.

Généralement, nous « savons » cela, en tant qu'information théorique, mais nous n'en ressentons pas la vérité. Il est certain que la plupart des gens se sentent séparés de tout ce qui les entoure. D'un côté il y a moi-même, et de l'autre il y a le reste de l'univers. Je ne suis pas enraciné dans la terre tel un arbre. Je m'agite un peu dans tous les sens de façon indépendante. J'ai l'impression d'être le centre de toutes choses, et cependant je me sens en même temps retranché et isolé de tout. Je peux ressentir ce qui se passe à l'intérieur de mon propre corps, mais je ne peux guère que deviner ce qui se passe dans le corps des autres. Mon esprit conscient plonge ses racines dans les profondeurs les plus insondables de mon être, et cependant il se sent vivre par lui-même, à l'étroit dans mon petit crâne.

Toutefois, la réalité physique est que mon corps n'existe que par rapport à cet univers, et en fait j'appartiens et je dépends de cet univers autant qu'une feuille d'un arbre. Je ne me sens retranché du monde que parce que je suis divisé intérieurement, parce que j'essaie de me séparer de mes propres sentiments et sensations. Tout ce que je ressens et éprouve me semble donc étranger. Mais si l'on prend conscience de l'irréalité de cette division, l'univers n'apparaît plus alors comme un tout étranger.

Car je suis ce que je connais ; ce que je connais c'est moi. La perception d'une maison de l'autre côté de la rue ou d'une étoile dans le ciel n'est pas moins moi que ne l'est une démangeaison à la plante de mon pied ou une idée dans mon cerveau. Dans un autre sens, je suis également ce que je ne connais pas. Je ne suis pas conscient de mon cerveau en tant que cerveau. De même, je ne suis pas conscient de la maison de l'autre côté de la rue comme d'un objet séparé de ma sensation. Je connais mon cerveau en tant qu'ensemble de pensées et de sentiments, et je connais la maison en tant que sensation. De même que je ne connais pas mon cerveau ou la maison en tant que chose-en-soi, je ne connais pas les pensées intimes de votre cerveau.

Mais mon cerveau, qui est également moi, votre cerveau et ses pensées, ainsi que la maison de l'autre côté de la rue, sont tous des formes de ce processus inextricablement entremêlé que l'on appelle le monde réel. Que j'en sois conscient ou inconscient, tout cela est moi dans la mesure où le soleil, l'air et la société humaine me sont aussi vitaux que mes poumons ou mon cerveau. Si, donc, ce cerveau est mon cerveau — aussi peu conscient que j'en sois — le soleil est mon soleil, l'air est mon air, et la société est ma société.

Il est évident que je ne peux pas ordonner au soleil de prendre la forme d'un œuf, et que je ne peux pas forcer votre cerveau à penser différemment. Je ne peux pas voir l'intérieur du soleil, et je ne peux pas partager vos sentiments intimes. De même, je ne peux pas changer la forme ou la structure de mon propre cerveau, ni en éprouver la sensation comme s'il s'agissait d'un objet qui me serait aussi extérieur et étranger qu'un chou-fleur. Mais si néanmoins mon cerveau est moi, alors le soleil est moi, l'air est moi, et la société, dont vous êtes membre également, est moi, car toutes ces choses sont aussi essentielles à mon existence que mon cerveau.

C'est par déduction que je peux dire que le soleil existe en dehors de la sensation que j'en éprouve. Si je peux dire que j'ai un cerveau, bien que je ne le voie pas, c'est également par déduction. Notre savoir sur ces choses n'est que théorique, et ne découle pas d'une expérience immédiate. Mais ce monde « externe » d'objets théoriques est apparemment aussi unitaire que le monde « interne » de l'expérience. C'est de l'expérience que je déduis qu'il existe. Et comme l'expérience forme un tout — je suis mes sensations — je dois donc en déduire que cet univers théorique forme également un tout en soi, et que mon corps et le monde constituent un seul et unique processus.

Il faut reconnaître que l'on a émis de nombreuses théories sur l'unité de l'univers. Mais elles n'ont pas réussi à libérer les êtres humains de l'isolement où les enferment leur égotisme, leurs conflits, et leur peur de la vie, parce qu'il y a une différence énorme entre une déduction et une sensation. On peut raisonner sur l'univers en tant que système formant un tout, sans pour autant le ressentir en tant que tel. On peut soutenir cette théorie que le corps est un mouvement dans ce processus continu qui comprend tous les soleils et toutes les étoiles, tout en se ressentant soi-même toujours aussi esseulé et séparé. Jamais, en effet, la sensation ne correspondra à la théorie tant que l'on ne découvrira pas l'unité de l'expérience intérieure. En dépit de toutes les théories, on se sentira toujours en dehors de la vie tant que l'on sera divisé intérieurement.

Mais l'on cessera de se sentir isolé dès que l'on reconnaîtra, par exemple, que l'on n'*a* pas une sensation du ciel : l'on *est* cette sensation. Notre sensation du ciel est le ciel, et il n'existe pas d' « ego » en dehors de ce que l'on sent, éprouve, et connaît. C'est pourquoi les mystiques et de nombreux poètes expriment si fréquemment ce sentiment de ne former qu' « un seul avec le Tout », ou « d'être confondu en Dieu », ou encore ainsi que sir Edwin Arnold l'écrit :

> *le Soi renonçant, l'univers s'accroît jusqu'à devenir Moi.*

Parfois, certes, il s'agit d'une sensation purement sentimentale, et le poète ne forme un seul « tout avec la Nature » que dans la mesure où celle-ci se présente sous son meilleur aspect.

> *Je ne vis pas en moi, mais je fais partie de tout ce qui m'entoure et si les hautes montagnes me sont une douce sensation, le bourdonnement des cités humaines m'est une torture ; rien ne me fait horreur dans la nature, sinon d'être à contrecœur un maillon de la chaîne charnelle, une créature parmi les créatures, alors que l'âme peut prendre son vol, et se confondre, non pas en vain, avec le ciel, les cimes, la lourde plaine de l'océan, ou les étoiles.*

Ce ravissement champêtre de Byron est tout à fait hors sujet. Il ne s'est rapproché de la nature que dans la mesure où celle-ci venait en aide à sa propre nature humaine. La mouche en lui aime la douceur du miel, mais non pas sa viscosité qui le réduit à être,

> *(à contrecœur) un maillon de la chaîne charnelle, une créature parmi les autres créatures.*

Le poète sentimentaliste ne plonge pas son regard dans les profondeurs de la nature pour voir

Tous ces êtres léthargiques entassés là, immobiles ou rampant lentement près du fond :
Le requin aux yeux de plomb, le morse, la tortue, le léopard marin poilu, et la pastenague.
J'ai vu dans ces profondeurs océanes, les passions, les guerres, les poursuites, des tribus entières respirant dans cet air épais.

L'homme doit se rendre compte que tout ce qu'il voit dans la nature, le monde étrange et glauque des abysses de l'océan, les déserts de glace, les reptiles des marais, les araignées et les scorpions, les déserts des planètes sans vie, a sa contrepartie dans son monde intérieur. Il ne formera donc pas un tout en lui-même tant qu'il ne réalisera pas que cette « face souterraine » de la nature et les sentiments d'horreur que celle-ci lui inspire font également partie de son « moi ».

En effet, toutes les qualités que nous admirons ou méprisons dans ce monde ne sont que des reflets de notre monde intérieur qui est aussi le monde de l'au-delà, le monde inconscient, vaste et inconnu. Ce que nous ressentons devant le monde grouillant des essaims d'abeilles et des fosses à serpents est ce que nous ressentons devant les aspects cachés de nos propres corps et cerveaux, leurs étranges frissons et tremblements nerveux, leurs maladies imprévisibles, et leurs douleurs inimaginables. Je ne sais pas si c'est vrai, mais on dit que les grands sages et les « saints » sont doués d'un pouvoir surnaturel sur les bêtes et les reptiles qui sont généralement extrêmement dangereux pour les hommes ordinaires. Si cela est vrai, c'est certainement parce qu'ils sont capables de vivre en paix avec les « bêtes et les reptiles » qui les hantent intérieurement. Ils n'ont pas besoin d'appeler Behemoth, l'éléphant sauvage, ou Leviathan, le monstre marin ; ils les appellent plutôt familièrement « Long-Nez » et « Visqueux ».

Le sentiment d'unité avec le « Tout » n'est pas cependant un état d'esprit nébuleux, une sorte de transe, où toutes formes et distinctions seraient abolies, comme si l'homme et l'univers se confondaient en une brume lumineuse mauve pâle. De même que processus et forme, énergie et matière, moi-même et expérience sont des mots ou des façons de voir une seule et même chose, de même un et plusieurs, unité et multiplicité, identité et différence ne sont pas des termes opposés s'excluant mutuellement : les uns sont les autres de même que le corps est ses différents organes. Comprendre que plusieurs sont un seul et qu'un seul est plusieurs, c'est comprendre que tous deux sont des mots et des sons signifiant ce qui est évident à la fois pour le sens et la sensation, mais ce qui est également une énigme pour la logique et la description. On connaît l'histoire du jeune homme en quête de la sagesse spirituelle et qui choisit de s'en remettre à l'autorité d'un gourou célèbre. Le sage en fit son assistant personnel, mais au bout de quelques mois le jeune homme se plaignit de n'avoir encore reçu aucun enseignement. « Qu'est-ce que tu racontes ! » s'écria le saint homme. « Quand tu m'as apporté mon riz, est-ce que je ne l'ai pas mangé ? Quand tu m'as servi mon thé, est-ce que je ne l'ai pas bu ? Quand tu me saluais, ne t'ai-je pas retourné ton salut ? Quand donc ai-je négligé de t'instruire ? — Je crains de ne pas comprendre, dit le jeune homme, totalement dérouté. — Si tu veux voir au-delà des choses, répondit le sage, regarde directement. Si tu commences à réfléchir pour savoir quel serait le meilleur moyen d'y parvenir, tout est raté d'avance. »

On cueille des chrysanthèmes le long de la barrière de l'Est
Des gens se rassemblent, silencieux, au pied des collines du Sud
Les oiseaux retournent deux par deux vers leurs nids
Le crépuscule recouvre les doux versants de la montagne —
Il y a dans toutes ces choses une signification profonde,
Mais au moment même de l'exprimer,
Soudain les mots nous échappent.

Il ne faut pas voir dans ce poème la description de cette atmosphère contemplative, crépusculaire et, peut-être, superficiellement idyllique tellement chère aux poètes chinois. Toutes ces subtilités sont sous-entendues, et le poète n'aime pas la redondance. Il ne se transforme pas en philosophe, comme tant de poètes occidentaux, pour dire qu'il ne forme plus qu'un « seul tout » avec les fleurs, la barrière, les collines et les oiseaux. Cela aussi serait de la redondance, ou pour parler comme les Orientaux, « mettre des pattes à un serpent ». Car, lorsque l'on comprend réellement que l'on est ce que l'on voit et ce que l'on connaît, on ne se promène pas dans la campagne en se disant : « Je *suis* tout ceci. » Il n'y a simplement que « tout ceci ».

Le sentiment de nous retrouver face au monde, retranchés et isolés, exerce une influence considérable sur nos pensées et notre action. Les philosophes, par exemple, ne réalisent pas toujours que leurs remarques sur l'univers valent également pour eux-mêmes et leurs propres remarques. Si l'univers n'a pas de sens, cette assertion en est tout autant dépourvue. Si ce monde n'est qu'un piège scabreux, cette remarque vaut pour celui qui l'exprime et c'est un peu comme le jeu : « Qui le dit l'est. »

Au sens strict, nous ne pouvons absolument pas penser ou réfléchir sur la vie et la réalité, car pour ce faire nous devrions pouvoir penser sur la pensée, penser sur la pensée de la pensée, et ainsi *ad infinitum*. On ne peut concevoir une philosophie rationnelle ou descriptive de l'univers qu'en se fondant sur cette hypothèse que l'on en est complètement séparé. Mais si nous-mêmes et nos propres pensées faisons partie de cet univers, nous ne pouvons pas nous en extraire afin de les décrire. C'est pourquoi tous les systèmes théologiques et philosophiques finissent toujours par s'effondrer. Pour « connaître » la réalité il ne faut pas lui être extérieur et la définir ; il faut y entrer, l'être et la ressentir.

La philosophie spéculative, telle que nous la connaissons en Occident, est tout à fait symptomatique de cette division de l'esprit dont souffrent tous ceux qui essaient de se maintenir à l'extérieur d'eux-mêmes et de leurs expériences afin de mieux les verbaliser et les définir. C'est un cercle vicieux, le lot éternel de tout esprit divisé.

D'autre part, quand on réalise que l'esprit est effectivement indivisible, il faut que cette découverte exerce une influence égale et aussi importante sur nos pensées et nos actions. De même qu'un philosophe essaie de se maintenir en dehors de lui-même et de sa pensée, de même, comme nous l'avons remarqué, les hommes ordinaires essaient de s'extraire d'eux-mêmes, de leurs émotions et de leurs sensations, de leurs sentiments et de leurs désirs. Il en résulte une confusion indescriptible dans leur comportement, une confusion que la découverte de l'unité de leur esprit doit dissiper.

Tant que notre esprit demeurera coupé en deux, nous vivrons perpétuellement dans les conflits, les tensions, les frustrations et les désillusions. La souffrance s'ajoute à la souffrance, la peur à la peur et l'ennui à l'ennui. Plus une mouche se débat pour se dégager du miel, plus elle s'y englue. Sous la pression de tant d'efforts futiles, il n'est pas étonnant que l'homme se défoule dans la violence et le sensationnel, l'exploitation aveugle de son corps, de ses appétits, du monde matériel et de ses amis. Et c'est un nombre incalculable de douleurs qu'une telle exploitation ajoute encore aux souffrances nécessaires et inévitables de l'existence.

Mais l'esprit non divisé est libéré de cette tension qui se crée à vouloir toujours se maintenir en dehors de soi-même et ailleurs plutôt qu'ici et maintenant. Chaque instant est vécu pleinement, et l'on en retire un sentiment de plénitude et d'accomplissement. L'esprit divisé se met à table et pique dans chaque plat l'un après l'autre, en bâfrant sans prendre le temps de digérer et en trouvant le mets suivant toujours meilleur que le mets précédent. Mais il ne trouve en fait rien de bon, parce qu'il ne goûte rien réellement.

Mais si l'on comprend que l'on vit, et même que l'on *est* cet instant présent, et non pas un autre, et qu'en dehors de cet instant il n'y a ni passé ni futur, alors on peut se détendre et savourer tout pleinement, que ce soit un plaisir ou une souffrance. Il nous est soudainement révélé pourquoi cet univers existe, pourquoi des êtres conscients ont été créés, pourquoi les organes des sens, l'espace, le temps, et le changement existent. Tous les problèmes que nous nous posons pour tenter de justifier la nature, tous nos efforts pour tenter de donner un sens à notre vie en fonction du futur, disparaissent complètement. Il est clair que tout existe pour cet instant. C'est une danse, et quand on danse ce n'est pas pour arriver quelque part. On tourne en rond, mais sans être victime de l'illusion que l'on est à la recherche de quelque chose, ou que l'on échappe aux tourments de l'enfer.

Depuis combien de temps les planètes tournent-elles autour du soleil ? Se dirigent-elles quelque part, et se pressent-elles pour y arriver plus vite ? Combien de fois le printemps est-il réapparu sur terre ? Apparaît-il plus tôt et avec plus de fantaisie chaque année, afin d'être sûr d'être plus réussi que le printemps dernier, et se presse-t-il pour jaillir plus vivement que tous les autres printemps ?

La signification et le but de la danse résident dans la danse elle-même. De même que dans la musique, chaque moment de son exécution est plein. On ne joue pas une sonate *pour* arriver enfin à l'accord final, et si la signification des choses ne se trouvait que dans leurs fins, les compositeurs n'écriraient rien d'autre que des finales. Il faut cependant remarquer ici que la musique plus particulièrement caractéristique de notre culture est une musique progressive sous certains aspects, et qui semble tendre parfois vers un point culminant. Mais quand elle atteint ce point, elle ne sait plus alors que faire d'elle-même. Beethoven, Brahms et Wagner furent particulièrement coupables de travailler à des points culminants et à des conclusions impressionnantes, quitte à faire tonner incessamment la même note, ce qui finit par détruire la beauté de ce moment même, à force de répugner à le quitter.

Si chaque instant se transforme en attente, on perd tout sentiment de plénitude, et l'on en vient à redouter la mort parce qu'elle est la fin de toute attente. Tant qu'il y a de la vie, il y a de l'espoir — et si l'on vit pour l'espoir, alors la mort est assurément la fin de tout. Mais pour l'esprit indivisé, la mort n'est qu'un autre moment, aussi plein que tous les autres, et qui ne livrera son secret que si on le vit pleinement —

Et je m'étends avec bon vouloir.

La mort est un raccourci de cette vérité : nous sommes à chaque instant poussés dans l'inconnu. Ici toute tentative de se raccrocher à une certitude est vouée à l'échec, et que l'on se défasse ou non de son passé et que l'on abandonne ou non toute idée de sécurité, la vie est renouvelée. La mort est l'inconnu où chacun d'entre nous a vécu avant de naître.

Rien n'est plus créateur que la mort, dans la mesure où elle est le secret de la vie. Cela signifie qu'il faut oublier le passé, que l'inconnu ne peut être évité, que l' « ego » ne peut pas persévérer dans son isolement, et que rien ne peut être fixé à tout jamais. Quand un homme sait cela, il vit alors pour la première fois de sa vie. S'il retient son souffle, il le perd. S'il le laisse aller, il le retrouve.

Und so lang du das nicht hast,
Dieses : stirb und werde,
Bist du nur ein trüber Gast
Auf der dunklen Erde[1].

1. Gœthe, *Divan occidental-oriental :* « Tant que l'on ne saura pas comment mourir et renaître, l'on demeurera un voyageur malheureux sur cette sombre terre. »

8

Morale créatrice

Il y a peut-être un paradoxe à parler de morale créatrice. Car en effet « morale » dérive d'un mot signifiant coutume et convention, et l'ordonnance de la vie suivant certaines règles. Mais le terme de morale a fini par signifier également le rôle de l'amour dans les rapports humains, et c'est dans ce sens que nous pouvons parler d'une morale créatrice. Saint Augustin l'a décrite et résumée ainsi : « Aime, et fais ce que tu veux. » Mais le problème a toujours été de savoir comment aimer ce qui ne nous convient pas.

Si la morale est l'art de vivre ensemble, il est évident que les règles, ou plutôt les techniques, y ont leur place. Car nombreux sont les problèmes d'une communauté qui sont des problèmes techniques — la distribution des richesses et la répartition des populations, l'exploitation judicieuse des ressources naturelles, l'organisation de la vie familiale, les soins à prodiguer aux personnes malades et aux handicapés, et l'adaptation harmonieuse des différences individuelles.

Le moraliste est donc un technicien que l'on consulte pour tenter de résoudre ces problèmes, comme l'on consulte un architecte pour construire une maison ou un ingénieur pour élever un pont. Comme la médecine, la cordonnerie, la cuisine, le métier de tailleur, de fermier et de charpentier, l'art de vivre ensemble requiert un certain savoir-faire. Il faut acquérir et savoir comment utiliser certaines facultés bien spécifiques.

Mais le moraliste est devenu pratiquement bien plus important qu'un simple conseiller technique. Il est devenu un spécialiste de la réprimande. Du haut de sa chaire ou de son bureau il harangue la race humaine, et lance des éloges ou des blâmes — le plus souvent des blâmes — comme un dragon crache du feu. Car les gens ne suivent pas ses conseils. Ils l'interrogent pour savoir comment agir au mieux dans telles ou telles circonstances. Le moraliste leur confie le fond de sa pensée et ils font semblant de l'approuver. Mais ensuite ils agissent de façon tout à fait différente, soit qu'ils trouvent ses conseils trop difficiles à suivre soit qu'ils brûlent trop de faire le contraire. Cette attitude prévaut tellement souvent que le moraliste finit par perdre son sang-froid et se met à les traiter de tous les noms. Si ces blâmes restent sans effet, il recourt alors à la violence physique, et il les oblige à suivre ses conseils à grand renfort de policiers, de sanctions, et de peines de prison. En effet, une communauté est son propre moraliste. Elle élit et paie des juges, des policiers et des prêtres, comme pour dire : « Si je suis récalcitrante, s'il vous plaît, n'hésitez pas et frappez-moi. »

A première vue ce problème semble pouvoir se résumer ainsi : toute morale permet d'éviter une injuste répartition du plaisir et de la douleur. Cela signifie que certains individus doivent accepter de limiter leurs plaisirs et de partager plus de souffrances. En règle générale, ces individus n'accepteront un tel sacrifice que si on les menace de souffrances encore plus grandes au cas où ils refuseraient de coopérer. Car nous nous fondons, en effet, sur cette hypothèse que chaque homme n'agit que dans son intérêt, et qu'il ne respecte les intérêts de la communauté que dans la mesure où ceux-ci servent les siens propres.

A partir de cette donnée les moralistes ont développé une théorie suivant laquelle l'homme est fondamentalement égoïste, ou est fondamentalement attiré vers le mal. L'homme « naturel » ne vit que dans un seul but : protéger son corps de toute souffrance et le faire participer au plaisir. Comme il ne peut sentir qu'avec son propre corps, il ne s'intéresse que médiocrement aux sensations des autres corps. Aussi ne prendra-t-il en considération les autres corps que dans l'espoir d'une récompense ou dans la crainte d'une condamnation, c'est-à-dire en adaptant son propre intérêt aux intérêts de la communauté.

Heureusement le problème n'est pas aussi simple. En effet parmi tout ce qui peut faire plaisir aux hommes il y a les rapports avec les autres hommes — la conversation, les repas pris en commun, les chansons, la danse, la procréation, le travail en collaboration qui opère des « miracles ».

Certes, l'un des plus grands plaisirs qui soient est celui d'être plus ou moins inconscient de sa propre existence, d'être absorbé dans la contemplation de beaux paysages, de belles symphonies, entouré de gens agréables. Vice versa, l'un des plus grands malheurs qui soit est celui d'être conscient de soi, de se sentir retranché du reste de la communauté et du monde environnant.

Mais nous ne trouverons aucune solution à ce problème tant que nous le poserons en termes de motivation de plaisir-douleur, ou en termes de « motivation » tout simplement. Car si l'homme se pose des problèmes moraux que les autres animaux vivant en société ne se posent pas, c'est précisément parce qu'il recherche sans cesse des motivations. S'il est vrai que l'homme est nécessairement motivé par le principe de l'alternance du plaisir et de la douleur, il ne sert à rien de débattre du comportement humain. Un comportement motivé est un comportement déterminé ; il est ce qu'il est, quoi qu'on en puisse dire. Il ne peut y avoir de morale créatrice tant que l'homme n'a pas la possibilité d'être libre.

Et c'est sur ce point que les moralistes se trompent. S'ils veulent que l'homme change de façon de vivre, ils doivent admettre qu'il est libre, car s'il ne l'était pas, toutes les colères et imprécations du monde demeureraient sans effet. D'autre part, un homme qui n'agit que par peur des menaces ou séduit par les promesses du moraliste, n'agit pas librement ! Si un homme n'est pas libre, les menaces et les promesses peuvent modifier sa conduite, mais il ne s'agira pas là d'un changement essentiel et profond. Si un homme est libre, les craintes et les promesses l'empêcheront de profiter de sa liberté.

Un esprit divisé ne comprendra jamais la signification de la liberté. Si je me sens séparé de mon expérience et du monde, la liberté ne m'apparaîtra que comme la limite jusqu'où je peux repousser le monde, et le destin ou fatalité m'apparaîtra au contraire comme la limite jusqu'où le monde peut m'acculer. Mais pour l'esprit dans sa totalité il n'existe pas d'opposition entre l' « ego » et le monde. Il n'y a qu'un seul processus en train de se dérouler, et qui se manifeste dans tout ce qui se passe. C'est ce processus qui fait se lever mon petit doigt et qui est la cause des tremblements de terre. Ou, si vous préférez, *Je* lève mon petit doigt et je fais également trembler la terre. On ne forge pas son destin et le destin ne nous est pas imposé.

Je vous concède que c'est là une bien étrange conception de la liberté. Nous sommes habitués à penser que si la liberté existe elle doit se trouver, non pas dans la nature, mais dans la volonté de l'homme et sa faculté de choisir.

Mais ce que nous entendons ordinairement par choix n'est pas la liberté. Les choix sont généralement des décisions prises en fonction du plaisir et de la souffrance, et l'esprit divisé n'agit que dans le seul but de faire participer son « ego » au plaisir et de le préserver de toute douleur. Mais les plus grands plaisirs sont ceux que l'on n'attend pas, alors que c'est en l'attendant et en tentant d'échapper à la douleur une fois qu'elle s'est manifestée, que nous souffrons le plus. On ne peut pas former le projet d'être heureux. On peut former le projet d'exister, mais, en elles-mêmes, l'existence et la non-existence ne sont ni agréables ni douloureuses. Des docteurs m'ont même assuré que dans certaines circonstances bien particulières la mort elle-même peut être une expérience fort agréable.

Si l'on ne se sent pas libre c'est parce que

l'on essaie de réaliser des choses impossibles et même tout à fait dépourvues de sens. Nous ne sommes pas « libres » de tracer un cercle carré, de vivre sans tête, ou de maîtriser certains actes réflexes. Il ne s'agit pas là d'obstacles à la liberté ; ce sont plutôt les conditions de la liberté. Je ne suis pas libre de tracer un cercle si par hasard il avait à être carré. Je ne suis pas libre, Dieu merci, de sortir en laissant ma tête chez moi. De même je ne suis pas libre de vivre un autre moment que celui-ci, ou de me séparer de mes propres sensations. En résumé, je ne suis pas libre chaque fois que j'essaie d'accomplir une action contradictoire, comme celle de bouger sans changer de position, ou de vouloir me brûler les doigts sans avoir à ressentir la moindre douleur.

D'autre part, je suis libre, le processus du monde est libre, de réaliser tout ce qui n'est pas une contradiction. Mais alors cette question se pose : y a-t-il une contradiction, est-il impossible d'agir ou de décider sans que le plaisir soit le but ultime ? La théorie suivant laquelle nous devons inévitablement faire ce qui nous procurera le plus de plaisir ou nous fera le moins souffrir, est tout à fait dépourvue de sens et n'est fondée que sur une confusion verbale. Dire que je décide de faire quelque chose parce que cela me plaît revient à dire que je décide de faire cela parce que je décide de le faire. Si « plaisir » est défini dès le début comme « ce que je préfère », alors ce que je préfère sera toujours le plaisir. Si je préfère la douleur, comme les masochistes, alors la douleur sera plaisir. En résumé, cette théorie suppose vrai ce qui est en question, en affirmant dès l'abord que le plaisir signifie ce que nous désirons : ainsi donc tout ce que nous désirons est plaisir.

Mais je tombe en pleine contradiction dès que j'essaie d'agir ou de décider dans le but d'être heureux, dès que je fais du « bonheur » mon but futur. En effet, plus mes actions sont dirigées en vue de me réserver des plaisirs futurs, plus je suis incapable de profiter du moindre plaisir. Car tous les plaisirs sont présents, et rien ne peut me garantir un bonheur futur sinon une conscience pleine et entière du présent. Je peux décider que je ferai un bon repas demain, ou que j'irai faire une excursion en montagne la semaine prochaine, mais je ne peux en aucune façon être sûr que cela me rendra heureux. Bien au contraire, il est connu que rien ne gâche plus un « plaisir » que de s'interroger pour savoir s'il nous est vraiment agréable. Nous ne pouvons vivre qu'un seul moment à la fois, et nous ne pouvons pas à la fois écouter la rumeur des vagues et réfléchir pour savoir si nous aimons vraiment écouter les vagues. Les actions contradictoires de ce genre sont les seules où il ne nous est laissé absolument aucune liberté.

Il existe une autre théorie du déterminisme suivant laquelle toutes nos actions seraient déterminées par des « mécanismes mentaux inconscients », et ce serait pour cette raison que les plus spontanées même de nos décisions ne seraient pas libres. Ce n'est là qu'un autre exemple d'étroitesse d'esprit, car, enfin, quelle différence y a-t-il entre « moi » et des « mécanismes mentaux » qu'ils soient conscients ou inconscients ? *Qui* est agi par ces processus ? Cette idée que quiconque est motivé est un effet de l'illusion persistante de l' « ego ». L'homme réel, l'organisme-en-rapport-avec-l'univers, *est* cette motivation inconsciente. Et précisément parce qu'il *est* cette motivation, il n'est pas agi par celle-ci. En d'autres termes, il n'y a pas de motivation ; il y a simplement une opération. De plus, il n'y a pas d'esprit « inconscient » différent d'un esprit conscient, car l'esprit « inconscient » est conscient, non pas de lui-même évidemment, mais à la manière dont nos yeux voient sans pour autant se voir eux-mêmes.

Il nous reste donc à supposer que l'ensemble de l'opération, la totalité de ce processus d'action qu'est l'homme-et-univers, est une série déterminée d'événements dans laquelle chaque événement est l'effet inévitable de causes antérieures.

Nous ne pouvons trop approfondir ce problème ni même le poser en termes convenables.

Mais il nous suffira peut-être de comprendre pour l'instant que nous sommes en face d'une des plus importantes « questions laissées en suspens » par la science, et pour laquelle toute réponse est encore bien lointaine. Cette idée que le passé détermine le présent peut n'être qu'une illusion de langage. Parce que nous sommes obligés de décrire le présent en fonction du passé, il semblerait que le passé « explique » le présent. Pour décrire « comment » est survenu un événement nous décrivons toute la chaîne des événements à laquelle il semble s'intégrer.

Cette bouteille s'est brisée en mille morceaux. Elle est tombée par terre. Elle m'a échappé. J'avais les doigts glissants. J'avais du savon sur les mains. Est-il justifié d'intercaler le terme « parce que » entre ces différents énoncés ? C'est ce que nous faisons en règle générale, car il nous est facile de parier avec certitude que, si nous laissons échapper une bouteille, celle-ci tombera par terre. Mais cela ne prouve pas que je sois la cause de sa chute, ou qu'elle doive nécessairement tomber. Ce n'est que rétrospectivement que les événements paraissent inévitables parce qu'une fois qu'ils se sont produits, plus rien ne peut en modifier le cours. Et le fait même que je puisse parier avec certitude prouve bien que les événements ne sont pas *déterminés* mais *conséquents*. En d'autres termes, le processus universel agit spontanément et librement à chaque moment, mais il tend à produire les événements suivant des séries régulières et donc prévisibles.

Quelle que soit la solution que l'on choisisse, l'esprit indivisé éprouve réellement le sentiment de la liberté et il adopte dans la sphère morale une façon de vivre qui contient tous les signes distinctifs d'une action libre et créatrice.

Il est évident que tous les actes que la morale conventionnelle qualifie de « mauvais » sont les fruits d'un esprit divisé. Assurément la plupart de ces actes naissent de désirs trop exacerbés, désirs pour des choses qui ne sont pas nécessaires et n'ont même rien à voir avec la santé de l'esprit et du corps, même si l'on admet que « santé » est un terme relatif. Ces désirs insatiables et étranges ne naissent que parce que l'homme donne libre cours à son besoin de sentir son « ego » en sécurité.

Je suis déprimé, et je veux que mon « ego » sorte de cet état dépressif. Le contraire de la dépression est l'exaltation, mais comme la dépression n'est pas exaltation, je ne peux pas me forcer à être exalté. Je peux cependant me saouler. Cela m'exalte merveilleusement et, au cas où je retomberais dans un état dépressif, je sens que je dispose là d'un remède rapide. Mais les dépressions suivantes se font de plus en plus graves et de plus en plus noires, parce que je ne surmonte pas l'état dépressif et n'en élimine pas les poisons. Aussi dois-je me saouler de plus en plus pour en sortir. Très vite j'en viendrai à me détester de tellement me saouler, ce qui me déprimera encore plus — et ainsi de suite.

Imaginons que je sois à la tête d'une famille nombreuse, vivant dans une maison hypothéquée pour laquelle j'aurais dépensé toutes mes économies. Je suis contraint de travailler dur à un métier qui ne m'intéresse pas particulièrement afin de pouvoir payer mes traites. Cela m'est égal de tellement travailler, mais je m'inquiète de savoir ce qu'il se passera si je tombe malade, ou si la guerre éclate et que je sois appelé. Je me rends compte qu'il vaut mieux ne pas penser à ces éventualités, aussi j'essaie de maintenir mon « ego » en dehors de ce tourment. Car je suis sûr que je *tomberai* malade si je continue à tourner ces pensées dans ma tête. Mais il m'est tellement difficile de m'en empêcher que le spectre de la maladie ne cesse de s'imposer toujours plus, et mon tourment ne fait que s'accroître. Je *dois* trouver un dérivatif, et alors, en désespoir de cause, je me mets à jouer au tiercé, en espérant que j'oublierai mon tourment pourvu que mon cheval puisse gagner. Et ainsi puis-je continuer à vivre tant bien que mal.

Le moraliste conventionnel n'est d'aucun secours pour tous ceux qui vivent ce genre de situation. Il peut mettre en garde contre les effets désastreux de l'alcoolisme et du jeu, mais ce faisant il ne fait qu'aggraver la dépression et l'angoisse. Il peut faire miroiter une récompense au ciel pour ceux qui supporteraient patiemment leurs douleurs, mais ce serait là encore engager une sorte de pari. Il peut attribuer la cause de la dépression ou de l'angoisse au système social, et encourager les malheureux à faire la révolution.

En résumé, il peut soit effrayer l' « ego » soit l'encourager, c'est-à-dire, soit obliger l'individu à se fuir lui-même, soit au contraire l'obliger à courir après lui-même. Il peut peindre un tableau glorieux de toutes les vertus et encourager les hommes ordinaires à reprendre leurs forces en suivant l'exemple des grands hommes. Il peut réussir à susciter chez les individus de très vigoureux efforts pour qu'ils prennent la sainteté en exemple, maîtrisent leurs passions, et introduisent une certaine mesure et charité dans leurs actions. Mais ce n'est pas ainsi qu'il conduira les hommes vers la liberté, car derrière toute imitation et toute discipline il y a toujours une motivation.

Si j'ai peur, tous mes efforts pour me sentir et agir courageusement ne sont suscités que par ma crainte même car j'ai peur de la peur, ce qui revient tout simplement à dire que mes efforts pour échapper à ce que je suis sont pris dans un cercle vicieux. Face aux exemples des saints et des héros je me sens honteux de compter pour si peu, et j'en viens donc à pratiquer l'humilité à cause de mon orgueil humilié, et la charité à cause de mon amour-propre. L'essentiel est que mon « ego » puisse être pris en considération. Je dois être juste, bon, quelqu'un sur qui l'on peut compter, héroïque, aimant, réservé. Je m'efface afin de m'affirmer, et je m'abandonne afin de me maintenir. Tout cela n'est qu'une contradiction.

L'esprit chrétien a toujours été hanté par ce sentiment que les péchés des saints sont pires que les péchés des pécheurs, car, de quelque mystérieuse façon, celui qui lutte pour son salut est plus proche de l'enfer et du Diable que la prostituée ou le voleur impénitent. Il a reconnu que le Diable est un ange, et qu'en tant que pur esprit il n'est pas réellement tenté par les péchés de la chair. Les péchés selon le cœur du Diable sont les dédales de l'orgueil spirituel, les mirages de l'illusion de soi-même, et les subtiles moqueries de l'hypocrisie où un masque en cache un autre, et un autre encore, et où l'on perd tout sens de la réalité.

Celui qui veut devenir un saint tombe droit dans les mailles de ce filet précisément parce qu'*il* veut devenir saint. Son « ego » trouve une très grande sécurité dans une satisfaction qui est d'autant plus intense qu'elle est intelligemment dissimulée — la satisfaction d'être contrit de ses péchés, et contrit d'être fier d'être contrit.

Dans un tel cercle vicieux, c'est à l'infini que l'on trouve des masques cachant d'autres masques. Ou, pour m'exprimer différemment, celui qui se maintiendrait à l'extérieur de lui-même pour mieux se frapper soi-même, devrait d'abord frapper le soi qui se tient à l'extérieur. Une bonne fois pour toutes. Tant qu'il restera en nous la moindre motivation nous incitant à devenir quelqu'un d'important, tant que notre esprit croira en la possibilité d'échapper à ce qu'il est en ce moment, nous n'atteindrons pas à la liberté. On recherchera la vertu pour exactement les mêmes raisons que l'on recherchera le vice, et le bien et le mal alterneront comme les pôles opposés d'un seul et même cercle. Le « saint » qui donne l'impression d'avoir vaincu son amour-propre par la violence spirituelle n'a guère fait que le dissimuler. Son succès apparent fait croire aux autres qu'il a trouvé la « vraie voie », et si ceux-ci se mettent à suivre son exemple ils finiront par voir le mouvement basculer en sens contraire, car la licence est la réaction inévitable au puritanisme.

Evidemment on croit se plier au plus abject des fatalismes en devant admettre que l'on est ce que l'on est et qu'il n'y a pas de fuite ou de division possible. Quand je *suis* effrayé, on dirait que c'est la peur qui me « colle » à la peau. Mais en fait je ne suis enchaîné à la peur que dans la mesure où j'essaie d'y échapper. D'autre part, dès que je n'essaie pas d'échapper, je découvre qu'il n'y a rien de fixe ou de « collé » dans la réalité de l'instant. Dès que je prends conscience de cette sensation sans la nommer, sans la qualifier de « peur », ou de « mauvaise », ou de « négative », etc., celle-ci se transforme immédiatement en quelque chose d'autre, et la vie prend librement un nouvel essor. Cette sensation cesse de se perpétuer elle-même en donnant existence à celui qui sent.

Nous pouvons comprendre maintenant pourquoi l'esprit indivisé ne cherche pas à fuir hors du présent, dans ce que nous appelons généralement le « mal ». Cette vérité que l'esprit indivisé prend conscience de l'expérience en tant qu'unité, du monde en tant que lui-même, et que toute la nature de l'esprit et de la conscience est de ne former qu'un seul tout avec ce qu'ils connaissent, inspire un état d'âme que l'on appelle ordinairement l'amour. Car l'amour qui s'exprime lui-même en un acte créateur est bien plus qu'une simple émotion. Ce n'est pas quelque chose que l'*on* peut « sentir » et « connaître », dont on peut se souvenir ou que l'on peut définir. L'amour est le principe organisateur et unificateur qui fait du monde un *uni*vers, et de la foule éparse une communauté. C'est l'essence même et le caractère de l'esprit, et il se manifeste dans l'action quand l'esprit est sain.

Car l'esprit doit être intéressé ou absorbé par

quelque chose, de même qu'un miroir doit toujours refléter quelque chose. Comme il ne peut s'intéresser à lui-même, de même qu'un miroir ne peut se refléter lui-même, l'esprit doit s'intéresser ou s'absorber dans d'autres choses ou d'autres gens. Nous ne nous posons pas le problème de savoir comment nous pouvons aimer. Nous aimons ; nous sommes amour, et le seul problème est de savoir comment orienter cet amour : devons-nous le laisser rayonner comme la lumière du soleil, ou devons-nous au contraire réfléchir ses rayons sur lui-même, comme en le recouvrant avec un abat-jour ?

Libéré du cercle vicieux de l'amour de soi, l'esprit de l'homme, dans sa propre unité, contient tout l'univers de même qu'une simple goutte de rosée semble contenir tout le ciel. Voilà, plus que toute simple émotion, quel est le pouvoir et le principe d'une action libre et d'une morale créatrice. D'autre part, la morale des règles et des prescriptions fondées sur la récompense et le châtiment, même si ceux-ci sont aussi intangibles que les tourments de la culpabilité et le plaisir de l'amour-propre, n'a rien à voir avec une action libre. Ce n'est qu'une façon de commander à des esclaves en exploitant charitablement leurs illusions, et aussi loin que l'on parvienne dans cette voie, l'on n'aboutira jamais à la liberté.

Quand une action créatrice prend forme, il

est tout à fait hors de propos de discuter pour savoir ce que nous devrions faire afin d'être dans le bon ou droit chemin. Peu importe à un esprit unitaire et sincère d'être bon, ou d'entretenir des rapports avec les autres conformément à une règle. Mais il n'est pas plus intéressé par le fait d'être libre, ou d'agir avec perversité afin de se prouver son indépendance. Son intérêt ne se situe pas en lui-même, mais dans les gens et les problèmes dont il est conscient ; ce sont ceux-ci qui sont « lui-même ». Il agit, non pas suivant des règles, mais suivant les circonstances du moment, et le « bien » qu'il désire pour les autres n'est pas la sécurité mais la liberté.

Rien n'est en fait plus inhumain que les rapports humains fondés sur la morale. Quand un homme fait l'aumône d'un morceau de pain pour être charitable, vit avec une femme afin d'être fidèle, mange en compagnie d'un Noir afin de prouver son absence de préjugés, et refuse de tuer pour conserver sa tranquillité, cet homme alors est aussi froid qu'un glaçon. Il ne voit pas réellement l'autre. Un peu moins froide simplement est la bienveillance née de la pitié, qui veut supprimer la souffrance parce qu'elle en trouve le spectacle désagréable.

Mais il n'existe pas de formule pour créer la chaleur authentique de l'amour. Celui-ci ne peut pas être copié. On ne peut se persuader d'être amoureux, de même que l'on ne saurait éveiller l'amour en forçant ses émotions ou en se vouant solennellement au service de l'humanité. Tout le monde est doué d'amour, mais celui-ci ne peut se manifester que lorsqu'on est convaincu qu'il est impossible et frustrant de vouloir s'aimer soi-même. Mais nous n'en serons pas convaincus à coups de condamnations, en se haïssant soi-même, ou en accablant l'amour de soi des pires noms qui existent. Nous n'en serons pleinement persuadés qu'en réalisant clairement et en toute conscience qu'il n'existe pas de « soi » que l'on puisse aimer.

9

Vision nouvelle de la religion

Nous avons commencé ce livre en affirmant que ni la science ni la philosophie de la science n'offraient de fondements suffisamment stables pour que l'on se convertisse à une croyance religieuse. Nous n'avons pas discuté cette assertion mais nous l'avons choisie comme point de départ. Nous avons adopté cette idée fort répandue que l'existence de Dieu, ou de n'importe quel absolu, ou encore d'un ordre éternel au-delà de ce monde, était dépourvue de tout fondement ou de toute signification logique. Nous avons reconnu que ces idées étaient inutilisables pour formuler des prédictions scientifiques, et que l'on pouvait même mieux expliquer tous les événements connus sans y recourir. En même temps, nous avons affirmé que la religion n'avait pas à s'opposer à cette conception, car presque toutes les traditions spirituelles reconnaissent qu'il existe un certain stade dans le développement de l'homme où toute croyance — en tant que contraire à la foi — et ses certitudes et sécurités inhérentes doivent être abandonnées.

Jusqu'ici, je ne pense pas que nous ayons affirmé quoi que ce soit qui ne puisse être vérifié par l'expérience, ou qui puisse sérieusement s'opposer à une vision scientifique du monde. Nous avons, au contraire, atteint un point à partir duquel les idées principales de la religion et de la métaphysique traditionnelle peuvent à nouveau devenir intelligibles et signifiantes — non pas en tant que croyances, mais en tant que symboles valables d'expérience.

La science et la religion traitent du même univers, mais elles recourent à des langages différents. De façon générale, les énoncés de la science ont trait au passé et au futur. Les savants décrivent des événements. Ils nous apprennent *comment* les choses se passent en nous faisant une description détaillée de tout *ce qui* est arrivé. Ils découvrent que les événements se réalisent suivant des fréquences diverses et dans des ordres différents, et sur la base de ces observations ils parient ou prédisent, ce qui nous permet de nous adapter ou d'établir des arrangements pratiques en fonction du cours des événements. Pour tenir ces paris, ils n'ont pas besoin de connaître Dieu ou la vie éternelle. Ils ont besoin de connaître le passé — c'est-à-dire ce qui s'est déjà réalisé.

D'autre part, les énoncés de la religion ont trait au présent. Mais les esprits religieux comme les esprits scientifiques ont tous deux l'impression que la religion concerne plutôt le passé et le futur. Il s'agit là d'une méprise naturelle, car la religion semble en effet révéler comment ce monde a été créé et comment il s'achèvera. Elle a été longtemps rattachée à la prophétie, qui est sans doute la même chose que la prédiction. Elle affirme que ce monde *a été créé* par Dieu, et que ce dernier l'a créé dans un *dessein* qui se réalisera dans un avenir lointain, dans « la vie du monde à venir ». Elle affirme, en outre, que l'homme est doué d'une âme immortelle, et elle prophétise que cette âme survivra à la mort physique et durera éternellement.

Il semble donc que les savants aient raison quand ils disent que ces prédictions ne peuvent être vérifiées, et qu'elles sont formulées selon une précieuse mais maigre référence à des événements passés dont on sait qu'ils se sont réalisés. Mais quand ils essaient de découvrir quels sont les fondements réels de ces prédictions, ils se rendent compte qu'il s'agit plus de fondements émotionnels que de fondements rationnels. Les esprits religieux *espèrent* ou croient que ces choses-là sont vraies.

Néanmoins, il s'est trouvé dans l'histoire de toute religion importante des hommes qui ont compris les idées et les énoncés religieux de façon tout à fait différente. Dans l'ensemble, cela est plus vrai de l'Orient que de l'Occident, bien que l'histoire chrétienne compte un grand nombre d'hommes et de femmes qui auraient pu se comprendre sur le fond avec des hindous et des bouddhistes orthodoxes.

De ce point de vue différent et plus profond, à notre avis, la religion n'apparaît plus comme un système de prédictions. Ses doctrines ne concernent plus le futur et l'éternité, mais bien le présent et l'éternel. Ce n'est plus un ensemble de croyances et d'espérances, mais, bien au contraire, un ensemble de symboles écrits qui se rapportent à une expérience présente.

Ces symboles sont traditionnellement de deux sortes. Les uns explicitent la compréhension religieuse du présent sous forme d'images et d'histoires concrètes. Les autres explicitent cette même compréhension suivant un langage abstrait et négatif qui est souvent semblable au langage de la philosophie universitaire. Par commodité, nous pouvons qualifier ces deux sortes de symboles, de religieux et de métaphysiques. Mais il faut nous rappeler que « métaphysique » ne signifie pas ici philosophie spéculative. Il ne s'agit pas d'anticiper sur la science et de donner une description logique de l'univers et de ses origines. Il s'agit ici de représenter une connaissance du présent. Les symboles religieux sont particulièrement caractéristiques du christianisme, de l'islam et du judaïsme, alors que les doctrines orientales sont plus métaphysiques.

Nous avons dit que la science et la religion traitent toutes deux du même univers et tout au long de ce livre nous ne nous sommes guère intéressés qu'à la vie quotidienne, aux choses qui peuvent être vues, senties, et expérimentées. Les critiques religieux pourraient donc nous accuser de réduire la religion au système « naturaliste », d'identifier Dieu avec la nature, et de nous moquer et fausser la religion en ne tenant pas compte de son « caractère surnaturel essentiel ».

Mais dès que l'on demande à des théologiens ce qu'ils entendent par « surnaturel », ils se lancent aussitôt dans des explications scientifiques. Ils parlent de Dieu en tant qu'être doué d' « une réalité concrète distincte de cet univers », et ils l'évoquent en termes d'histoire passée ou de prédictions. Ils affirment avec insistance que le monde surnaturel n'est pas du même « ordre » que l'univers étudié par la science, mais que celui-là existe à un autre niveau, invisible à nos sens naturels. Et leurs explications finissent par prendre des résonances psychiques, et nous renvoient même à des phénomènes tels que la télépathie, la voyance, et l'audition à distance.

Cela est cependant du naturalisme pur et simple ; c'est même de la pseudo-science. En effet, la science et le naturalisme ne traitent pas nécessairement des seules choses visibles aux sens. Personne n'a vu des électrons ou des quanta, et n'a pu concevoir une image sensuelle de l'espace courbe. Si les phénomènes psychiques existent, il n'y a aucune raison de supposer qu'ils ne peuvent pas être étudiés scientifiquement, et qu'ils ne constituent pas tout simplement un autre aspect de la « nature ». Certes, la science traite d'innombrables objets qui ne peuvent être expérimentés par les sens, et qui ne donnent pas lieu à une expérience immédiate — ainsi, par exemple, le passé révolu, le processus de la gravité, la nature du temps, et le poids des planètes et des étoiles. Ces choses invisibles sont déduites de l'expérience immédiate suivant un raisonnement logique. Elles constituent des hypothèses qui semblent fournir une explication raisonnable des événements observés. Le Dieu théologique est exactement de même essence, c'est-à-dire qu'il est une hypothèse justifiant toutes les expériences.

Quand un théologien formule une telle hypothèse il recourt aux méthodes de la science et il pénètre dans le domaine de la science. Il faut donc qu'il s'attende à être questionné, examiné et critiqué par ses collègues naturalistes.

Mais la différence entre le naturel et le surnaturel peut s'expliquer plus simplement et de façon beaucoup plus éclairante. Si la « nature » est du domaine de la science, nous pouvons affirmer que la nature est ce monde tel qu'il est nommé, mesuré et classifié. La nature est le monde que la pensée a analysé et classé en différents groupes appelés « choses ». Ainsi que nous l'avons déjà vu, l'esprit a conféré une identité aux choses en les nommant. Il fait une différence entre le mouvement et l'immobilité, en comparant un corps qui se déplace rapidement à un autre corps qui se déplace lentement, même si tous deux se déplacent.

Ainsi tout le monde de la nature est relatif car il est un produit de la pensée et de la comparaison. Est-ce que la tête se différencie « réellement » du cou ? Pourquoi ne pas avoir inclus cette chose appelée « cou » dans cette autre chose appelée « tête », comme nous y avons inclus le nez ? Ce n'est que suivant une convention de pensée que la tête et le cou sont deux choses distinctes au lieu d'une seule et même chose. Et c'est dans ce sens que les anciens métaphysiciens ont parfaitement raison de dire que l'univers entier est un produit de l'esprit. C'est de l'univers des « choses » qu'ils veulent parler.

D'autre part, le monde surnaturel et absolu consiste en cette réalité mystérieuse que nous avons également nommée, classifiée et divisée. Il ne s'agit pas là d'un produit de l'esprit. Mais on ne peut ni définir ni décrire *ce que* c'est. A chaque instant nous en sommes conscients, et elle constitue même notre conscience. Nous l'éprouvons et le sentons, et elle constitue également l'ensemble de nos sentiments et de nos sensations. Et, cependant, essayer de la connaître et de la définir revient à vouloir forcer un couteau à se couper soi-même. Qu'est-ce que cela ? C'est une rose. Mais une « rose » est un son. Qu'est-ce qu'un son ? Un son est l'impact d'une onde sur le tympan. Une rose est donc alors l'impact d'une onde sur le tympan ? Non, une rose est une rose... est une rose est une rose est une rose...

Toute définition revient simplement à établir une correspondance unilatérale entre des groupes de données sensorielles et des sons, mais comme les sons sont aussi des données sensorielles, toute tentative de définition échoue en un cercle vicieux. Le monde réel que créent ces données, ainsi que les organes grâce auxquels nous les ressentons, demeure insondable et mystérieux.

En adoptant ce point de vue il ne nous est pas difficile de trouver un sens à certaines anciennes écritures. Le *Dhammapada*, un recueil des paroles du Bouddha, commence ainsi : « Tout ce que nous sommes est le résultat de ce que nous avons pensé. Tout est fondé sur nos pensées ; tout est construit par nos pensées. » Et c'est par un semblable énoncé que s'ouvre l'Evangile selon saint Jean : « Au début était le Verbe, et le Verbe était avec Dieu, et le Verbe était Dieu... Toutes choses ont été créées par lui (le Verbe), et sans lui rien n'aurait été créé de tout ce qui a été créé. » C'est par les pensées, ou mots mentaux, que nous distinguons ou « révélons » les choses. Sans pensée, il n'y a pas de « choses » ; il n'y a plus qu'une réalité indéfinie.

Si l'on veut être poétique, on peut rattacher au Père cette réalité indéfinie, parce qu'il est l'origine ou le fondement des « choses ». On peut dire de la pensée qu'elle est le Fils « de même substance que le Père » — le Fils « par qui toutes choses furent créées, le Fils qui doit être crucifié si nous voulons voir le Père », de même qu'il nous faut regarder la réalité sans recourir aux mots pour la découvrir telle qu'elle est. Ensuite le Fils ressuscite des morts et retourne au ciel et, de même, après avoir vu la réalité telle qu'elle est, nous pouvons à nouveau recourir à la pensée mais sans qu'elle puisse nous abuser. Notre pensée « retourne au ciel » au sens où nous la reconnaissons en tant que partie intégrante de la réalité, et non plus en tant qu'élément extérieur à cette même réalité.

Par ailleurs nous pouvons recourir au langage métaphysique et négatif pour traiter de cette réalité indéfinie. C'est l'infini, et non pas le défini. C'est l'éternel, le toujours présent, et non pas le passé et le futur, ni les conventions de pensée et de temps. C'est l'immuable au sens où l'idée de changement n'est qu'un autre mot, une autre définition, que la réalité appelée changement dépasse. Il est vrai que, si tout mouvement est relatif, il n'y a pas de mouvement absolu. Il serait absurde de dire que *tous* les corps dans l'univers se déplacent uniformément à quinze mille kilomètres/minute, parce que « tous » exclut tout autre corps par rapport auquel nous avons pu affirmer que ceux-là se déplacent.

Le langage métaphysique est négatif parce qu'il tend à affirmer que les mots et les idées n'expliquent pas la réalité. Il n'essaie pas de nous convaincre que la réalité est quelque chose de semblable à une masse infinie de gelée transparente. Il ne nous parle pas de quelque abstraction impalpable, mais bien de ce monde-ci dans lequel nous vivons. Cette expérience que nous appelons choses, couleurs, sons, odeurs, goûts, formes et poids, n'est, en soi, ni forme, ni nombre, ni rien du tout, mais cependant en cet instant nous l'expérimentons. Nous sommes donc en présence de ce Dieu que les doctrines traditionnelles qualifient de Réalité infinie, sans forme, éternelle, indivisée, inchangée et immuable — cet Absolu derrière le relatif, cette Signification derrière les pensées et les mots [1]. Natu-

1. C'est également ce que dans la doctrine du vedanta

rellement cette Signification est dépourvue de sens car, à la différence des mots, elle n'*a* pas de sens mais *est* sens. En soi, un arbre est dépourvu de sens, mais il est le sens du mot « arbre ».

Il est facile de remarquer comment cette sorte de langage, soit sous sa forme religieuse, soit sous sa forme métaphysique, peut mener à toutes sortes de méprises. En effet, pour un esprit divisé, et un « ego » qui veut échapper à l'expérience présente, cette conception d'un monde surnaturel est une porte de sortie inespérée. L' « ego » veut résister à tout changement qui le rendrait malheureux, aussi se raccroche-t-il à l'Absolu « immuable », tout en oubliant que cet Absolu est également le « non-fixé ». Si nous avons à subir une expérience amère, notre « ego » ne supporte celle-ci que parce qu'il est persuadé qu'elle fait partie du projet d'un Dieu le Père plein d'amour. Mais cette certitude même rend impossible toute réalisation de « l'amour de Dieu », lequel, comme il est bien connu, requiert un abandon total de l' « ego ».

La mauvaise interprétation des idées religieuses se révèle de manière éclatante dans la déformation que les hommes ont fait subir à la doc-

l'on appelle le Soi, l'*atman,* transcendant toutes les « choses » expérimentées.

trine de l'immortalité, du paradis, et de l'enfer. Mais il devrait maintenant être clair que nous ne pouvons concevoir la vie éternelle que si nous sommes bien convaincus que le présent est la seule réalité, et que le passé et le futur n'existent que par convention. L'instant présent est la « porte du paradis », le « sentier rectiligne et étroit qui conduit à la vie », parce qu'il n'y a pas de place ici pour un « ego » séparé. Dans *cette* expérience il n'y a personne qui expérimente l'expérience.

L' « homme riche » ne peut franchir cette porte parce qu'il est trop encombré de bagages ; il se raccroche au passé et au futur.

On pourrait citer des pages entières de la littérature spirituelle de tous les temps et de tous les pays pour démontrer que la vie éternelle a toujours été comprise dans ce sens. Il nous suffira de citer ce passage de Maître Eckhart :

> *L'instant-présent où Dieu créa le premier homme et l'instant-présent où le dernier homme disparaîtra, et l'instant-présent où je parle n'en forment qu'un seul en Dieu dans lequel il n'y a qu'un seul Maintenant. Vois ! Celui qui vit dans la lumière de Dieu n'est conscient ni du passé ni du futur mais seulement de la seule et unique éternité.*
> *... Aussi n'apprend-il rien de nouveau des événements futurs, ni du hasard, car il vit dans l'instant-présent qui est, infailliblement, « toujours nouvellement verdissant ».*

Quand on est à l'agonie, que l'on peut ou mourir ou vivre à chaque instant, les prétendues prédictions scientifiques sur ce qui pourra survenir après la mort ne comptent pour rien. Toute l'importance de ce moment vient de ce que nous n'en connaissons rien. Les notions de survie et d'anéantissement sont fondées sur le passé, sur les souvenirs du réveil et du sommeil, aussi les notions de continuité éternelle et de néant éternel sont-elles dépourvues de toute signification.

Il faut peu d'imagination pour réaliser qu'un temps éternel ne serait qu'un monstrueux cauchemar, qui ne nous laisserait pas vraiment de choix possible entre le paradis et l'enfer tels que généralement nous les imaginons. Le désir de durer perpétuellement ne saurait séduire que dans la mesure où l'on conçoit un temps indéfini plutôt qu'un temps infini. Disposer d'autant de temps que l'on veut est une chose, mais disposer d'un temps infini en est une autre.

Car il n'y a pas de joie dans la continuité, dans le perpétuel. Nous ne désirons l'éternité que parce que le présent est vide. Quelqu'un qui essaie de manger de l'argent reste toujours sur sa faim. Si on lui crie : « Arrête-toi maintenant ! » la panique l'envahit parce qu'il trouve qu'il n'a pas encore suffisamment mangé, et qu'il veut disposer d'un peu plus de temps encore pour continuer à manger de l'argent, dans l'espoir d'être enfin rassasié un peu plus tard. Nous ne désirons pas tant la continuité que l'expérience présente du bonheur total. Si nous désirons que l'expérience se poursuive toujours plus longtemps, c'est parce que nous nous savons conscients au cours de cette expérience, et donc imparfaitement conscients de celle-ci même. Tant que l'on ressent son « ego » *en train de réaliser* cette expérience, c'est que l'instant présent n'est pas le *tout*. La vie éternelle ne se réalise que lorsque toute différence entre l' « ego » et le « maintenant » a disparu — quand il n'y a plus que ce « maintenant » et rien d'autre.

A l'opposé, l'enfer, ou la « damnation éternelle », ne réside pas dans la durée éternelle du temps, mais bien plutôt dans la continuité et la frustration de devoir sans cesse tourner en rond à la poursuite de quelque chose d'impossible à atteindre. L'enfer est l'aveuglement, l'impossibilité perpétuelle de l'amour de soi, de la conscience de soi, et de la possession de soi. C'est essayer de voir ses propres yeux, d'entendre ses propres oreilles, et d'embrasser ses propres lèvres.

Concevoir que la vie forme un tout, indivisé et qui se renouvelle à chaque instant, c'est comprendre le sens de la doctrine suivant laquelle Dieu, le *ceci* indéfinissable, dans la vie éternelle, est tout-dans-tout et la Cause ou Fin Extrême par laquelle chaque chose existe. Comme le futur est perpétuellement inaccessible, et, de même que la carotte de la fable, *toujours* devant l'âne, ce n'est donc pas dans l'avenir que s'accomplira le projet divin. Ce projet s'accomplit dans le présent, non pas que nous nous résignions devant un fait immuable, mais bien plutôt tout en reconnaissant qu'il n'existe pas d' « ego » pouvant se résigner.

Car la signification de ce principe religieux universel est que pour connaître Dieu, l'homme doit s'oublier lui-même. C'est aussi banal que cela, et cependant très difficile à réaliser, et souvent tout à fait mal interprété. Comment un être égoïste peut-il s'oublier ? Non pas par sa seule décision, disent les théologiens, mais grâce au don de la grâce divine, qui seule permet à l'homme d'accomplir ce qui est au-delà de ses forces. Mais cette grâce est-elle offerte à tous ou seulement à quelques élus qui, en retour, n'ont pas d'autre choix que de se soumettre ? Certains théologiens soutiennent que cette grâce est offerte à tous les hommes mais qu'il y a ceux qui l'acceptent et ceux qui la refusent. D'autres théologiens affirment que cette grâce n'atteint qu'un petit nombre d'élus, mais cependant la plupart d'entre eux s'accordent pour affirmer que chaque individu peut décider d'accepter ou de refuser la grâce.

Malheureusement cela ne résout en rien le problème. C'est remplacer le problème de savoir s'il faut conserver ou abandonner son « ego » par le problème de savoir s'il faut accepter ou refuser la grâce divine, ce qui revient exactement au même. La religion chrétienne renferme sa propre réponse cachée à ce problème dans cette idée que l'homme ne peut s'oublier que « dans le Christ ». Car « Christ » ne tient lieu de réalité que s'il n'y a pas d' « ego » séparé qu'il faille abandonner. Abandonner l' « ego » est un faux problème. « Christ » est la révélation qu'il n'y a pas d' « ego » séparé. « Je ne fais rien de moi-même... Moi et le Père ne formons qu'un seul... Avant qu'Abraham fût, je suis. »

S'il existe une difficulté, c'est bien celle de comprendre qu'en cet instant présent il n'y a pas d' « ego » à abandonner. Nous sommes complètement libres d'agir ainsi à chaque instant, et il n'y a rien qui nous en empêche. Voilà notre liberté. Nous ne sommes pas libres cependant de nous améliorer, de nous soumettre, de nous ouvrir à la grâce, car ce serait faire preuve de notre division intérieure, ce qui serait donc nier notre liberté même. C'est comme si nous essayions de mordre notre bouche au lieu d'un morceau de pain.

Il est nécessaire de souligner l'énorme différence qu'il y a entre le fait de réaliser que « Moi et le Père ne formons qu'un seul », et l'état d'esprit d'une personne qui pense qu'elle est Dieu. Si, encore persuadés qu'il existe un « ego » isolé, nous l'identifions avec Dieu, nous devenons alors d'insupportables égomaniaques qui se croient capables de réussir l'impossible, de dominer l'expérience, et de conclure heureusement tous les cercles vicieux.

Je suis le maître de mon destin ;
Je suis le capitaine de mon âme !

Quand un serpent avale sa queue, sa tête se gonfle. C'est de tout autre chose qu'il s'agit quand on comprend que l'on est son « destin », et qu'il n'y a personne qu'il faille maîtriser ou par qui il faille se laisser maîtriser, qu'il faille vaincre ou à laquelle il faille se rendre.

Devons-nous également insister sur ce fait que cet abandon de l' « ego » en Dieu n'est pas un miasme mystique dans lequel s'effacent les « valeurs de la personnalité » ? L' « ego » n'a jamais été, n'est pas, et ne fera jamais partie de la personnalité humaine. Il ne renferme rien d'unique, de « différent », ou d'intéressant. Au contraire, plus les êtres humains le recherchent, plus ils deviennent uniformes, inintéressants et impersonnels. Plus des objets se déplacent rapidement sur un cercle, plus leurs contours deviennent confus et embrouillés. Il est évident que les seules personnes intéressantes sont les personnes intéressées, or, pour être complètement intéressé, il faut avoir oublié son « moi ».

Nous voyons donc comment les principes fondamentaux de la philosophie, de la religion et de la métaphysique peuvent être compris de deux façons tout à fait différentes. Ils peuvent être considérés en tant que symboles de l'esprit indivisé, en tant qu'expressions de cette vérité suivant laquelle, à chaque instant, la vie et l'expérience forment un seul tout. « Dieu » n'est pas une définition de cet état, mais une exclamation à propos de cet état. D'ordinaire cependant, on recourt à ces principes pour se tenir en dehors de soi-même et de l'univers, pour pouvoir mieux appréhender et maîtriser ceux-ci. Mais il y a là un cercle vicieux, bien que complexe et peu évident.

Comme les hommes sont pris dans ce cercle depuis tellement longtemps, les progrès de la technologie n'ont guère servi qu'à accélérer ce processus jusqu'à un point de tension extrême. Notre civilisation est sur le point de se désintégrer sous le simple effet de sa force centrifuge. Dans ces conditions, le genre de religion qui insiste essentiellement sur la conscience de soi et dans laquelle nous avons été élevés depuis si longtemps n'est pas un remède, mais fait plutôt partie de la maladie même. Si la pensée scientifique s'est affaiblie, nous n'avons cependant rien à regretter, car le « Dieu » qu'elle nous aurait révélé n'aurait pas été cette Réalité inconnue que le terme même de Dieu signifie, mais une simple projection de nous-mêmes — un « ego » cosmique et désincarné régnant en maître sur l'univers.

La vraie grandeur de la science ne réside pas

tant dans le fait qu'elle nomme et classifie, enregistre et prédit, mais bien plutôt dans ce qu'elle observe et désire connaître des faits, quelle que puisse être leur nature. Et malgré toutes les confusions possibles qu'elle peut introduire entre les faits et les conventions, et entre la réalité et les divisions arbitraires, c'est par cette ouverture et sincérité d'esprit que la science peut ressembler à la religion, celle-ci étant comprise dans son sens le plus profond. Plus un savant est rigoureux, plus il déplore sa propre ignorance de la réalité, et plus il comprend que ses lois et ses classifications, ses descriptions et ses définitions sont les produits de sa propre pensée. Cela lui permet d'utiliser le monde aux fins de ses propres recherches plutôt que de le comprendre et de l'expliquer.

Plus il analyse l'univers en ensembles infinitésimaux, plus il découvre de choses à classer, et plus il se rend compte de la relativité de toute classification. Ce qu'il ne connaît pas semble croître d'une manière inversement proportionnelle à ce qu'il connaît. Peu à peu il approche du point où ce qui est inconnu n'est pas perçu en tant qu'un simple espace blanc dans un tissu de mots mais en tant que fenêtre dans son esprit, une fenêtre dont le nom n'est pas ignorance mais étonnement.

L'esprit timide referme violemment cette fenêtre, et il demeure silencieux et sans pensée devant ce qu'il ne connaît pas afin de pouvoir mieux bavarder de ce qu'il croit connaître. Il remplit les espaces laissés en blanc en répétant simplement tout ce qu'il a déjà exploré et connu. Mais l'esprit ouvert sait que les territoires les plus minutieusement explorés ne sont pas en fait vraiment connus mais seulement marqués et mesurés des milliers de fois. Et le mystère fascinant de *ce que* nous marquons et mesurons doit en définitive « nous pousser à sortir de notre pensée » jusqu'à ce que l'esprit oublie de tourner en rond et de poursuivre son propre processus, et devienne enfin conscient du pur miracle contenu dans le fait d'*être* en cet instant présent.

A quelques légères différences près, voilà le dernier mot de la sagesse occidentale comme de la sagesse orientale. Les *Upanishads* hindoues disent :

> *Celui qui pense que Dieu ne peut pas être compris, comprend Dieu, mais celui qui croit que Dieu peut être compris ne le connaît pas. Dieu est inconnu à ceux qui le connaissent, et il est connu par ceux qui ne le connaissent pas du tout.*

Goethe dit à peu près la même chose en des termes peut-être plus explicites pour une mentalité moderne :

> *L'étonnement est le plus haut sommet que l'homme peut atteindre ; et si le premier phénomène venu l'étonne, laissons-le à sa joie ; rien de plus élevé ne peut lui être offert, et il ne doit rien chercher de plus derrière cela ; telle est la limite.*

Ou voici encore les paroles de saint Jean de la Croix, l'un des plus grands voyants de la tradition chrétienne :

L'une des grandes faveurs accordées à l'âme en cette vie passagère est de pouvoir voir si distinctement et sentir si profondément qu'elle ne peut absolument pas comprendre Dieu. Ces âmes sont ici-bas semblables aux saints dans le ciel, où ceux qui connaissent Dieu le plus parfaitement sont ceux qui perçoivent le plus clairement qu'il est infiniment incompréhensible ; en effet ceux qui en ont la vision la moins claire ne perçoivent pas aussi clairement que les autres combien il transcende leur vision.

Dans cet étonnement il n'y a pas soif mais plénitude. Presque tous nous avons connu cet étonnement, mais en de rares instants seulement, quand devant la beauté éclatante ou l'étrangeté d'une scène notre esprit s'est interrompu brusquement dans sa folle poursuite de lui-même et n'a pas su trouver les mots pour exprimer son saisissement. Nous avons donc bien de la chance de vivre en une époque où le savoir humain a atteint un tel point qu'il ne sait plus trouver les mots, non pas simplement pour les choses étranges et merveilleuses, mais pour les plus ordinaires également. La poussière sur les étagères est devenue autant un mystère que les étoiles les plus éloignées ; nous connaissons suffisamment de choses sur les deux, pour savoir que nous ne connaissons rien. Eddington, le physicien, est très proche des mystiques, non pas dans ses envolées imaginatives, mais quand il énonce tout à fait simplement : « Quelque chose d'inconnu agit nous ne savons pas comment. »

Dans une telle confession, la pensée accomplit un cycle entier, et nous voilà redevenus des enfants. Pour ceux qui s'efforcent encore fiévreusement d'expliquer les choses, de conserver l'eau de la vie dans des paquets de carton bien ficelés, cette confession ne signifie rien d'autre que la reconnaissance d'une défaite. Pour les autres, le fait que la pensée ait bouclé un cercle, voilà qui leur révèle tout ce que l'homme a accompli non pas seulement dans le domaine de la philosophie, de la religion et de la science spéculative, mais aussi dans le domaine de la psychologie et de la morale, des sensations et de la vie quotidiennes. Son esprit a été pris dans un tourbillon pour s'écarter de lui-même avant de se ressaisir lui-même.

Vous souffrez de vous-mêmes, il n'y a personne d'autre.
Personne ne vous oblige à vivre et mourir,
tourner avec la roue, étreindre et embrasser
ses rayons d'agonie,
son boyau de larmes et son axe de néant.

En réalisant cela l'esprit devient un tout : la séparation entre *Je* et moi, homme et monde, idéal et réel, disparaît. *Paranoïa,* l'esprit en dehors de soi, devient *metanoïa*, l'esprit en soi et libéré de soi. Libres de ne plus s'étreindre elles-mêmes, les mains peuvent enfin saisir ; libres de ne plus se fixer eux-mêmes, les yeux peuvent enfin voir ; libre de ne plus essayer de se comprendre soi-même, la pensée peut enfin penser. Dans une telle sensation, vision et pensée, la vie n'a plus besoin d'avenir pour être complète ni d'explication pour être justifiée. En cet instant elle est finie.

Table des matières

Préface 7
1. L'âge de l'angoisse 11
2. Douleur et temps 31
3. Le grand flux 43
4. La sagesse du corps 63
5. A propos du fait d'être conscient 89
6. L'instant merveilleux 107
7. La transformation de la vie 129
8. Morale créatrice 147
9. Vision nouvelle de la religion 167

Dans la même collection

Robert Ardrey : Les enfants de Caïn.
Thérèse d'Avila : Vie écrite par elle-même, *tome I.*
Thérèse d'Avila : Vie écrite par elle-même, *tome II.*
Octave Beliard : Les sorciers.
Bruno Bettelheim et Daniel Karlin : Un autre regard sur la folie.
Bakounine : Œuvres, *tome I.*
Bakounine : Œuvres, *tome II.*
Robert Brasillach : Anthologie de la Poésie grecque.
Jean E. Charon : Vingt-cinq siècles de cosmologie.
Cheiro : Ce que disent les mains.
Chang Chung-Yuan : Le monde du tao.
Raymond Christinger : Le voyage dans l'imaginaire.
Docteur Louis Corman : Nouveau manuel de morpho-psychologie.
Claude Duneton : Parler croquant.
Dominique Frischer : Les analysés parlent.
Erich Fromm : Espoir et révolution.
G. I. Gurdjieff : Récits de Belzébuth à son petit-fils, *tome I.*
G. I. Gurdjieff : Récits de Belzébuth à son petit-fils, *tome II.*
G. I. Gurdjieff : Récits de Belzébuth à son petit-fils, *tome III.*
Karen Horney : L'auto-analyse.
Victor Hugo : Les tables tournantes de Jersey.
Nolini Kanta Gupta : L'idéal de Sri Aurobindo.
Philip Kapleau : Les trois piliers du zen.
Allan Kardec : Le livre des esprits.
Krishnamurti : Se libérer du connu.
Krishnamurti : La révolution du silence.
Krishnamurti : Aux étudiants.
Krishnamurti : La première et dernière liberté.
Krishnamurti : L'éveil de l'intelligence.
Pierre Kropotkine : L'éthique.
Ronald D. Laing : Nœuds.
Ronald D. Laing : La politique de la famille.
Ronald D. Laing : Le moi divisé.
Ronald D. Laing : La politique de l'expérience.
Louise Michel : La Commune.
Elisée Reclus : L'évolution, la révolution et l'idéal anarchique.
Jean Rostand : Pensées d'un biologiste.
Theodore Roszak : Vers une contre-culture.
Lilian Silburn : Le bouddhisme hors de l'Inde.
David Stafford-Clark : Ce que Freud a vraiment dit.
Max Stirner : L'unique et sa propriété.
Guy Suarès : Malraux, celui qui vient.
Ania Teillard : Ce que disent les rêves.
Alan Watts : Bienheureuse insécurité.
Stefan Zweig : Freud.
Stefan Zweig : Nietzsche.

Série « Grands Textes de l'Humanité »

Le livre des morts des anciens Égyptiens.
Le Kalévala.
André Berry : Anthologie de la poésie occitane.
Virgile : Bucoliques/Géorgiques.

Série « Moyen Age » dirigée par Danielle Régnier-Bohler.

Jean d'Arras : Mélusine.
Le Cœur mangé. Récits érotiques et courtois des XIIe et XIIIe siècles.
Merlin le Prophète.
Bestiaires du Moyen Age.
Philippe de Beaumanoir : La Manekine.
Récits et poèmes celtiques (domaine brittonique).
Contes et fabliaux du Moyen Age.
Moyen Age et colportage. Robert le Diable et autres récits.
Saint Bernard de Clairvaux. Les combats de Dieu.

Série « Moyen Age »

Le roman de Renart.
Perceval le Gallois ou le conte du Graal.
Grégoire de Tours : Calamités et miracles.

ACHEVÉ D'IMPRIMER
LE 15 OCTOBRE 1981
SUR LES PRESSES DE
L'IMPRIMERIE HÉRISSEY
A ÉVREUX (EURE)
POUR LE COMPTE DES ÉDITIONS STOCK
14, RUE DE L'ANCIENNE-COMÉDIE, PARIS - 6e

Imprimé en France
N° d'éditeur : 4357
N° d'imprimeur : 28439
Dépôt légal: 4e trimestre 1981
54-33-3184-01
ISBN 2-234-01542-1

H/54-3184-6